Le LIVRE de POCHE

Jeunesse

LE ROI GRENOUILLE
ET AUTRES CONTES

J. ET W. GRIMM

LE ROI GRENOUILLE ET AUTRES CONTES

Traduction de l'allemand
par Pierre Durand

Illustrations
Morgan

HACHETTE
Jeunesse

Dans ces dix-huit contes pour rire et pour trembler, il en est de très célèbres, mais ne pariez pas que vous les connaissez tous, vous pourriez bien perdre !

Les frères Grimm en ont recueilli plus de deux cents en Allemagne, mais il en existe des milliers et des milliers de par le monde ; et comme les bonnes histoires voyagent à travers les siècles, passant les mers et les montagnes, on retrouve parfois le même thème chez Perrault, Andersen ou dans les Mille et Une Nuits.

Chaque fois, pourtant, le ton est différent.

Il y a chez Grimm des métamorphoses, des princesses et des fées, des enfants perdus, des châteaux enchantés, mais les héros les plus étonnants sont cette fille résolue, ce petit gars qui va droit devant lui : ils ont une idée fixe, un désir qui ne les lâchera plus jusqu'à ce qu'ils aient gagné la partie – contre le diable s'il le faut.

Tout leur est bon : l'entêtement, l'astuce, mais s'ils réussissent, c'est qu'ils savent écouter au bon moment, payer de leur personne avec générosité.

La morale traditionnelle n'y trouve pas toujours son compte : elle est trop étroite pour eux.

Dix-huit contes choisis pour leur variété, leur merveilleuse vitalité, leur drôlerie.

L'ÉDITEUR

Le Roi grenouille

Dans des temps très anciens, alors qu'il pouvait encore être utile de faire des vœux, vivait un roi dont toutes les filles étaient belles. La plus jeune était même si belle que le soleil, qui en a cependant tant vu, s'étonnait chaque fois qu'il illuminait son visage. Non loin du château du roi, il y avait une grande et sombre forêt et, dans la forêt, sous un vieux tilleul, une fontaine. Un jour qu'il faisait très chaud, la royale enfant partit dans les bois, et s'assit au bord de la source fraîche. Et comme elle s'ennuyait, elle prit sa balle en or, la jeta en l'air et la rattrapa ; c'était son jeu favori.

Il arriva que la balle d'or, au lieu de revenir dans sa main, tomba sur le sol et roula tout droit dans l'eau. La princesse la suivit des yeux, mais la balle disparut : la fontaine était si profonde qu'on n'en voyait pas le fond.

La jeune fille se mit à pleurer, à pleurer de plus en plus fort ; elle était inconsolable. Comme elle gémissait ainsi, quelqu'un lui cria :

« Pourquoi pleures-tu, princesse, si fort qu'une pierre s'en laisserait attendrir ? »

Elle regarda autour d'elle pour voir d'où venait la voix et aperçut une grenouille qui tendait hors de l'eau sa tête grosse et affreuse.

« Ah ! c'est toi, vieille barboteuse ! dit-elle ; je pleure ma balle d'or qui est tombée dans la fontaine.

— Tais-toi et ne pleure plus, dit la grenouille. Je vais t'aider. Mais que me donneras-tu si je te rapporte ton jouet ?

— Ce que tu voudras, chère grenouille, répondit-elle, mes habits, mes perles et mes diamants et même la couronne d'or que je porte sur la tête. »

La grenouille dit : « Je ne veux ni de tes perles,

ni de tes diamants, ni de ta couronne. Mais, si tu acceptes de m'aimer, si tu me prends comme compagne et camarade de jeux, si je peux m'asseoir à ta table à côté de toi, manger dans ton assiette, boire dans ton gobelet et dormir dans ton lit, si tu me promets tout cela, je plongerai au fond de la source et te rendrai ta balle.

— Mais oui, dit-elle, je te promets tout ce que tu veux à condition que tu me retrouves ma balle. »

Elle se disait : Elle vit là, dans l'eau avec les siens et coasse. Comment serait-elle la compagne d'un être humain ?

Quand la grenouille eut obtenu sa promesse, elle mit la tête sous l'eau, plongea et, peu après, réapparut en tenant la balle entre ses lèvres. Elle la jeta sur l'herbe. En retrouvant son beau jouet, la fille du roi fut folle de joie. Elle le ramassa et partit en courant.

« Attends ! Attends ! cria la grenouille. Emmène-moi ! Je ne peux pas courir aussi vite que toi ! »

Mais il ne lui servit à rien de pousser ses « coâ ! coâ ! coâ ! » aussi fort qu'elle pouvait. La jeune fille ne l'écoutait pas. Elle se hâtait de rentrer à la maison et bientôt la pauvre grenouille fut oubliée.

Il ne lui restait plus qu'à replonger dans la fontaine.

Le lendemain, comme la petite princesse était à table, mangeant dans sa jolie assiette d'or, avec le roi et tous les gens de la Cour, on entendit : plouf ! plouf ! plouf ! plouf ! quelque chose qui montait l'escalier de marbre. Puis on frappa à la porte et une voix dit : « Fille du roi, la plus jeune, ouvre-moi ! »

Elle se leva de table pour voir qui était là. Quand elle ouvrit, elle aperçut la grenouille. Elle repoussa bien vite la porte et alla reprendre sa place. Elle avait très peur. Le roi vit que son cœur battait fort et dit : « Que crains-tu, mon enfant ? Y aurait-il un géant derrière la porte, qui viendrait te chercher ?

— Oh ! non, répondit-elle, ce n'est pas un géant, mais une vilaine grenouille.

— Que te veut cette grenouille ?

— Ah ! cher père, hier, comme j'étais au bord de la fontaine et que je jouais avec ma balle d'or, celle-ci tomba dans l'eau. Parce que je pleurais bien fort, la grenouille me l'a rapportée. Et comme elle me le demandait avec insistance, je lui ai promis qu'elle deviendrait ma compagne. Mais je ne pensais pas qu'elle sortirait de son eau.

Et voilà qu'elle est là-dehors et veut venir auprès de moi. »

Sur ces entrefaites, on frappa une seconde fois à la porte et une voix dit :

« Fille du roi, la plus jeune,
Ouvre-moi !
Ne sais-tu plus ce qu'hier
Au bord de la fontaine fraîche
Tu me promis ?
Fille du roi, la plus jeune,
Ouvre-moi ! »

Le roi dit alors : « Ce que tu as promis, il faut le faire. Va et ouvre ! »

Elle se leva et ouvrit la porte. La grenouille sautilla dans la salle, toujours sur ses talons, jusqu'à sa chaise. Là, elle s'arrêta et dit : « Prends-moi auprès de toi ! »

La princesse hésita. Mais le roi lui donna l'ordre d'obéir. Quand la grenouille fut installée sur la chaise, elle demanda à monter sur la table. Et quand elle y fut, elle dit : « Approche ta petite assiette d'or, nous allons y manger ensemble. » La princesse fit ce qu'on voulait, mais c'était malgré tout de mauvais cœur.

La grenouille mangea de bon appétit ; quant à la princesse, chaque bouchée lui restait au travers de la gorge. À la fin, la grenouille dit : « J'ai mangé à satiété ; maintenant, je suis fatiguée. Conduis-moi dans ta chambre et prépare ton lit de soie ; nous allons dormir. »

La fille du roi se mit à pleurer ; elle avait peur du contact glacé de la grenouille et n'osait pas la toucher. Et maintenant, elle allait dormir dans son joli lit bien propre ! Mais le roi se fâcha et dit : « Tu n'as pas le droit de mépriser celle qui t'a aidée quand tu étais dans le chagrin. »

La princesse saisit la grenouille entre deux doigts, la monta dans sa chambre et la déposa dans un coin. Quand elle fut couchée, la grenouille sauta près du lit et dit : « Prends-moi, sinon je le dirai à ton père. »

La princesse se mit en colère, saisit la grenouille et la projeta de toutes ses forces contre le mur : « Comme ça tu dormiras, affreuse grenouille ! »

Mais quand l'animal retomba sur le sol, ce n'était plus une grenouille. Un prince aux beaux yeux pleins d'amitié la regardait. Il en fut fait selon la volonté du père de la princesse. Il devint son compagnon aimé et son époux. Il lui raconta qu'une méchante sorcière lui avait jeté un sort et la princesse seule pouvait l'en libérer. Le lendemain, ils partiraient tous deux pour son royaume.

Ils s'endormirent et, au matin, quand le soleil se leva, on vit arriver une voiture attelée de huit chevaux blancs. Ils avaient de blancs plumets sur la tête et leurs harnais étaient d'or. À l'arrière se tenait le valet du jeune roi. C'était le fidèle Henri. Il avait eu tant de chagrin quand il avait vu son seigneur transformé en grenouille qu'il s'était fait bander la poitrine de trois cercles de fer pour que son cœur n'éclatât pas de douleur.

La voiture devait emmener le prince dans son royaume. Le fidèle Henri l'y fit monter avec la princesse, et s'installa de nouveau à l'arrière, tout heureux de voir son maître libéré du mauvais sort. Quand ils eurent roulé pendant quelque temps, le prince entendit des craquements derrière lui, comme si quelque chose se brisait. Il tourna la tête et dit :

> « Henri, est-ce l'attelage qui brise ses chaînes ?
> – Eh ! non, Seigneur, ce n'est pas la voiture,
> Mais de mon cœur l'une des ceintures.
> Car j'ai eu tant de peine

Quand vous étiez dans la fontaine,
Transformé en grenouille vilaine ! »

Par deux fois encore, en cours de route, on entendit des craquements et le prince crut encore que la voiture se brisait. Mais ce n'était que les cercles de fer du fidèle Henri, heureux de voir son seigneur délivré.

Apprendre à frissonner

Un père avait deux fils. Le premier était réfléchi et intelligent. Il savait se tirer de toute aventure. Le cadet en revanche était sot, incapable de comprendre et d'apprendre et, quand les gens le voyaient, ils disaient : « Avec lui, son père n'a pas fini d'en voir. » Quand il y avait quelque chose à faire, c'était toujours à l'aîné que revenait la tâche, et si son père lui demandait d'aller chercher quelque chose, le soir ou même la nuit, et qu'il fallait passer par le cimetière ou quelque autre lieu terrifiant, il répondait : « Oh ! non, père, je n'irai pas, j'ai peur. » Car il avait effectivement peur. Quand, à la veillée, on racontait des histoires à donner la chair de poule, ceux qui les entendaient disaient parfois : « Ça me donne le frisson ! » Le plus jeune des fils, lui, assis dans son coin, écoutait et n'arrivait pas à comprendre ce qu'ils voulaient dire. « Ils disent toujours : "Ça me donne la chair de poule ! Ça me fait frissonner !" Moi, jamais ! Voilà encore une chose à laquelle je ne comprends rien. »

Il arriva qu'un jour son père lui dit : « Écoute voir, toi, là dans ton coin ! Tu deviens grand et fort. Il est temps que tu apprennes à gagner ton pain. Tu vois comme ton frère se donne du mal. Avec toi, on y perd son latin.

— Eh ! père, répondit-il, j'apprendrais bien volontiers. Si c'était possible, je voudrais apprendre à frissonner. C'est une chose que j'ignore totalement. »

Lorsqu'il entendit ces mots, l'aîné des fils songea : « Seigneur Dieu ! quel bêta que mon frère ! Il ne fera jamais rien de sa vie. » Le père réfléchit et dit : « Tu apprendras bien un jour à avoir peur. Mais ce n'est pas comme ça que tu gagneras ton pain. »

Peu de temps après, le bedeau vint en visite à

la maison. Le père lui conta sa peine et lui expliqua combien son fils était peu doué en toutes choses. Il ne savait rien, il n'apprenait rien.

« Pensez voir ! Quand je lui ai demandé comment il ferait pour gagner son pain, il a dit qu'il voulait apprendre à frissonner !

— Si ce n'est que ça, répondit le bedeau, je le lui apprendrai. Confiez-le-moi, je réussirai bien à le dégrossir. »

Le père était content ; il se disait : « On va le dégourdir un peu. »

Le bedeau l'emmena donc chez lui et lui confia la tâche de sonner les cloches. Au bout de quelque temps, son maître le réveilla à minuit et lui demanda de se lever et de monter au clocher pour carillonner. « Tu vas voir ce que c'est que d'avoir peur », songeait-il.

Il quitta secrètement la maison et quand le garçon fut arrivé en haut du clocher, comme il s'apprêtait à saisir les cordes, il vit dans l'escalier, en dessous de lui, une forme toute blanche.

« Qui va là ? » cria-t-il. L'apparition ne répondit pas, ne bougea pas. « Réponds ! cria le jeune homme. Ou bien décampe ! Tu n'as rien à faire ici pendant la nuit ! » Le bedeau ne bougeait toujours pas. Il voulait que le jeune homme le prît

pour un fantôme. Pour la deuxième fois, celui-ci cria : « Que viens-tu faire ici ? Parle si tu es honnête homme. Sinon je te jette au bas de l'escalier. »

Le bedeau pensa : « Il n'en fera rien. » Il ne répondit pas et resta sans bouger. Comme s'il était de pierre. Alors le garçon l'avertit pour la troisième fois et comme le fantôme ne répondait toujours pas, il prit son élan et le précipita dans l'escalier. L'apparition dégringola d'une dizaine de marches et resta là allongée. Le garçon fit sonner les cloches, rentra à la maison, se coucha sans souffler mot et s'endormit.

La femme du bedeau attendit longtemps son mari. Mais il ne revenait pas. Finalement, elle prit peur, réveilla le jeune homme et lui demanda :

« Sais-tu où est resté mon mari ? Il est monté avant toi au clocher.

— Non, répondit-il, je ne sais pas. Mais il y avait quelqu'un dans l'escalier et comme cette personne ne répondait pas à mes questions et ne voulait pas s'en aller, je l'ai prise pour un coquin et l'ai jetée au bas du clocher. Allez-y, vous verrez bien si c'était votre mari. Je le regretterais. »

La femme s'en fut en courant et découvrit son mari gémissant dans un coin, une jambe cassée.

Elle le ramena à la maison, puis se rendit en poussant de grands cris chez le père du jeune homme.

« Votre garçon a fait des malheurs, lui dit-elle. Il a jeté mon mari au bas de l'escalier, où il s'est cassé une jambe. Débarrassez notre maison de ce vaurien ! »

Le père était bien inquiet. Il alla chercher son fils et lui dit :

« Quelles sont ces façons, mécréant ! C'est le diable qui te les inspire !

— Écoutez-moi, père, répondit-il. Je suis totalement innocent. Il se tenait là, dans la nuit, comme quelqu'un qui médite un mauvais coup. Je ne savais pas qui c'était et, par trois fois, je lui ai demandé de répondre ou de partir.

— Ah ! dit le père, tu ne me feras que des misères. Disparais, je ne veux plus te voir !

— Volontiers, père. Attendez seulement qu'il fasse jour. Je voyagerai pour apprendre à frissonner. Comme ça, je saurai au moins faire quelque chose pour gagner mon pain.

— Apprends ce que tu veux, dit le père. Ça m'est égal ! Voici cinquante talents, va par le monde et surtout ne dis à personne d'où tu viens et qui est ton père. Tu me fais honte.

— Qu'il en soit fait selon votre volonté, père.

Si c'est là tout ce que vous exigez, je m'y tiendrai sans peine. »

Quand vint le jour, le jeune homme empocha les cinquante talents et prit la route en se disant : « Si seulement j'avais peur ! si seulement je frissonnais ! » Arrive un homme qui entend les paroles que le garçon se disait à lui-même. Un peu plus loin, à un endroit d'où l'on apercevait des gibets, il lui dit :

« Tu vois cet arbre ? Il y en a sept qui s'y sont mariés avec la fille du cordier et qui maintenant prennent des leçons de vol. Assieds-toi là et attends que tombe la nuit. Tu sauras ce que c'est que de frissonner.

— Si c'est aussi facile que ça, répondit le garçon, c'est comme si c'était déjà fait. Si j'apprends si vite à frissonner, je te donnerai mes cinquante talents. Tu n'as qu'à revenir ici demain matin. »

Le jeune homme s'installa sous la potence et attendit que vînt le soir. Et comme il avait froid, il alluma du feu.

À minuit, le vent était devenu si glacial que, malgré le feu, il ne parvenait pas à se réchauffer. Et les pendus s'entrechoquaient en s'agitant de-ci, de-là. Il pensa : « Moi, ici, près du feu, je gèle. Comme ils doivent avoir froid et frissonner, ceux qui sont là-haut ! » Et, comme il les prenait en pitié, il appliqua l'échelle contre le gibet, l'escalada, décrocha les pendus les uns après les autres et les descendit tous les sept. Il attisa le feu, souffla sur les braises et disposa les pendus tout autour pour les réchauffer.

Comme ils ne bougeaient pas et que les flammes venaient lécher leurs vêtements, il dit : « Faites donc attention ! Sinon je vais vous rependre là-haut ! »

Les morts, cependant, n'entendaient rien, se taisaient et laissaient brûler leurs loques. Le garçon finit par se mettre en colère. « Si vous ne faites pas attention, dit-il, je n'y puis rien ! Je n'ai pas envie de brûler avec vous. » Et, l'un après l'autre, il les raccrocha au gibet. Puis il se coucha près du feu et s'endormit.

Le lendemain matin, l'homme s'en vint et lui réclama les cinquante talents.

« Alors, sais-tu maintenant ce que c'est que d'avoir le frisson ? lui dit-il.

— Non, répondit le garçon. D'où le saurais-je ? Ceux qui sont là-haut n'ont pas ouvert la bouche, et ils sont si bêtes qu'ils ont laissé brûler les quelques hardes qu'ils ont sur le dos. »

L'homme comprit qu'il n'obtiendrait pas les

cinquante talents ce jour-là et s'en alla en disant : « Je n'ai jamais vu un être comme celui-là ! »

Le jeune homme reprit également sa route et se dit à nouveau, parlant à haute voix : « Ah ! si seulement j'avais peur ! Si seulement je savais frissonner ! »

Un charretier qui marchait derrière lui l'entendit et demanda :

« Qui es-tu ?

— Je ne sais pas », répondit le garçon.

Le charretier reprit :

« D'où viens-tu ?

— Je ne sais pas, rétorqua le jeune homme.

— Qui est ton père ?

— Je n'ai pas le droit de le dire.

— Que marmonnes-tu sans cesse dans ta barbe ?

— Eh ! répondit le garçon, je voudrais frissonner. Mais personne ne peut me dire comment j'y arriverai.

— Cesse de dire des bêtises ! reprit le charretier. Viens avec moi, je vais essayer de te donner un gîte. »

Le jeune homme accompagna donc le charretier et, le soir, ils arrivèrent à une auberge avec l'intention d'y passer la nuit. En entrant dans la salle, le garçon répéta à haute voix : « Si seulement j'avais peur ! Si seulement je savais frissonner ! »

L'aubergiste l'entendit et dit en riant :

« Si vraiment ça te fait plaisir, tu en auras sûrement l'occasion chez moi.

— Tais-toi donc ! dit sa femme. À être curieux, plus d'un a déjà perdu la vie ; et ce serait vraiment dommage pour ses jolis yeux s'ils ne devaient plus jamais voir la lumière du jour. »

Mais le garçon répondit : « Même s'il fallait en arriver là, je veux apprendre à frissonner. C'est d'ailleurs pour ça que je voyage. »

Il ne laissa à l'aubergiste ni trêve ni repos jusqu'à ce qu'il lui dévoilât son secret. Non loin de là, se trouvait un château maudit, dans lequel il pourrait certainement apprendre ce que c'était que d'avoir peur, en y passant seulement trois nuits. Le roi avait promis sa fille en mariage à qui tenterait l'expérience et cette fille était la plus belle qu'on eût jamais vue sous le soleil. Il y avait aussi au château de grands trésors gardés par de mauvais génies dont la libération pourrait rendre un pauvre très riche. Bien des gens étaient déjà entrés au château, mais personne n'en était jamais ressorti.

Le lendemain, le jeune homme se rendit auprès du roi et lui dit : « Si vous le permettez, je voudrais bien passer trois nuits dans le château maudit. »

Le roi l'examina, et comme il lui plaisait, il répondit : « Tu peux me demander trois choses. Mais aucune d'elles ne saurait être animée et tu pourras les emporter avec toi au château. »

Le garçon lui dit alors : « Eh bien, je vous demande du feu, un tour et un banc de ciseleur avec un couteau. »

Le jour même, le roi fit porter tout cela au château. À la tombée de la nuit, le jeune homme s'y rendit, alluma un grand feu dans une chambre, installa le tabouret avec le couteau tout à côté et s'assit sur le tour. « Ah ! si seulement je pouvais frissonner ! dit-il. Mais ce n'est pas encore ici que je saurai ce que c'est. »

Vers minuit, il entreprit de ranimer son feu. Et comme il soufflait dessus, une voix retentit tout à coup dans un coin de la chambre : « Hou, miaou, comme nous avons froid !

— Bande de fous ! s'écria-t-il. Pourquoi hurlez-vous comme ça ? Si vous avez froid, venez ici, asseyez-vous près du feu et réchauffez-vous ! »

À peine eut-il prononcé ces paroles que deux

gros chats noirs, d'un bond formidable, sautèrent vers lui et s'installèrent de part et d'autre du garçon en le regardant d'un air sauvage avec leurs yeux de braise. Quelque temps après, s'étant réchauffés, ils dirent :

« Si nous jouions aux cartes, camarade ?

— Pourquoi pas ! répondit-il, mais montrez-moi d'abord vos pattes. »

Les chats sortirent leurs griffes.

« Holà ! dit-il. Que vos ongles sont longs ! attendez ! il faut d'abord que je vous les coupe. »

Il les prit par la peau du dos, les posa sur l'étau et leur y coinça les pattes.

« J'ai vu vos doigts, dit-il, j'en ai perdu l'envie de jouer aux cartes. »

Il les tua et les jeta par la fenêtre dans l'eau d'un étang. À peine s'en était-il ainsi débarrassé que, de tous les coins et recoins, sortirent des chats et des chiens, tous noirs, tirant des chaînes rougies au feu. Il y en avait tant et tant qu'il ne pouvait leur échapper.

Ils criaient affreusement, dispersaient les brandons du foyer, piétinaient le feu, essayaient de l'éteindre.

Tranquillement, le garçon les regarda faire un moment. Quand il en eut assez, il prit le couteau de ciseleur et dit : « Déguerpissez, canailles ! » Et il se mit à leur taper dessus. Une partie des assaillants s'enfuit ; il tua les autres et les jeta dans l'étang. Puis il revint près du feu, le ranima en soufflant sur les braises et se réchauffa. Bientôt, il sentit ses yeux se fermer et eut envie de dormir. Il regarda autour de lui et vit un grand lit dans un coin. « Voilà ce qu'il me faut », dit-il. Et il se coucha.

Comme il allait s'endormir, le lit se mit de lui-même à se déplacer et à le promener par tout le château. « Très bien ! dit-il. Plus vite ! » Le lit partit derechef comme si une demi-douzaine de chevaux y étaient attelés, passant les portes, montant et descendant les escaliers. Et tout à coup, il versa sens dessus dessous, hop ! et le garçon se retrouva par terre avec comme une montagne par-dessus lui. Il se débarrassa des couvertures et des oreillers, se faufila de dessous le lit et dit : « Que ceux qui veulent se promener se promènent. » Et il se coucha auprès du feu et dormit jusqu'au matin.

Le lendemain, le roi s'en vint au château. Quand il vit le garçon étendu sur le sol, il pensa que les fantômes l'avaient tué. Il murmura : « Quel dommage pour un si bel homme ! » Le garçon l'entendit, se leva, et dit : « Je n'en suis pas encore là ! » Le roi s'étonna, se réjouit et lui demanda comment les choses s'étaient passées. « Très bien, répondit-il. Voilà une nuit d'écoulée, les autres se passeront bien aussi. »

Quand il arriva chez l'aubergiste, celui-ci ouvrit de grands yeux. « Je n'aurais jamais pensé, dit-il, que je te reverrais vivant. As-tu enfin appris à frissonner ?

— Non ! répondit-il ; tout reste sans effet. Si seulement quelqu'un pouvait me dire comment faire ! »

Pour la deuxième nuit, il se rendit à nouveau au château, s'assit auprès du feu et reprit sa vieille chanson : « Ah ! si seulement je pouvais frissonner. »

À minuit, on entendit des bruits étranges. D'abord doucement, puis toujours plus fort, puis après un court silence, un grand cri. Et la moitié d'un homme arrivant par la cheminée tomba devant lui. « Holà ! cria-t-il. Il en manque une moitié. Ça ne suffit pas comme ça ! » Le vacarme reprit. On tempêtait, on criait. Et la seconde moitié tomba à son tour de la cheminée. « Attends, dit le garçon ; je vais d'abord ranimer le feu pour toi. »

Quand il l'eut fait, il regarda à nouveau autour de lui : les deux moitiés s'étaient rassemblées et un homme d'affreuse mine s'était assis à la place qu'occupait le jeune homme auparavant.

« Ce n'est pas ce dont nous étions convenus, dit-il. Ce tour est à moi ! »

L'homme voulut l'empêcher de s'y rasseoir ; mais il ne s'en laissa pas conter. Il le repoussa avec violence et reprit sa place.

Beaucoup d'autres hommes se mirent alors à dégringoler de la cheminée les uns après les autres et ils apportaient neuf tibias et neuf têtes de morts avec lesquels ils se mirent à jouer aux quilles. Le garçon eut envie d'en faire autant.

« Dites, pourrais-je jouer aussi ?

— Oui, si tu as de l'argent.

— J'en ai bien assez, répondit-il ; mais vos boules ne sont pas rondes. »

Il prit les têtes de morts, s'installa à son tour et en fit de vraies boules.

« Comme ça elles rouleront mieux, dit-il. En avant ! on va rire ! »

Il joua et perdit un peu de son argent. Quand sonna une heure, tout avait disparu.

Au matin, le roi vint aux renseignements.

« Que t'est-il arrivé cette fois-ci ? demanda-t-il.

— J'ai joué aux quilles, répondit le garçon, et j'ai perdu quelques deniers.

— Tu n'as donc pas eu peur ?

— Eh ! non ! dit-il, je me suis amusé ! Si seulement je savais frissonner ! »

La troisième nuit, il s'assit à nouveau sur son tour et dit tristement : « Si seulement je pouvais frissonner ! » Quand il commença à se faire tard, six hommes immenses entrèrent dans la pièce, portant un cercueil. « Hi ! Hi ! Hi ! dit le garçon, voilà sûrement mon petit cousin qui est mort il y a quelques jours seulement. » Du doigt, il fit signe au cercueil et s'écria : « Viens, petit cousin, viens ! »

Les hommes posèrent la bière sur le sol ; il s'en approcha et souleva le couvercle. Un mort y était allongé. Il lui toucha le visage. Il était froid comme de la glace. « Attends, dit-il, je vais te réchauffer un peu. »

Il alla près du feu, s'y réchauffa la main et la posa sur la figure du mort. Mais celui-ci restait tout froid. Alors il le sortit du cercueil, s'assit près du feu et l'installa sur ses genoux en lui frictionnant les bras pour rétablir la circulation du sang.

Comme cela ne servait à rien, il songea tout à coup qu'il suffit d'être deux dans un lit pour avoir chaud. Il porta le cadavre sur le lit, le recouvrit et s'allongea à son côté. Au bout d'un certain temps, le mort se réchauffa et commença à bouger. « Tu vois, petit cousin, dit le jeune homme, ne t'ai-je pas bien réchauffé ? » Mais le mort, alors, se leva et s'écria :

« Maintenant, je vais t'étrangler !

— Quoi ! dit le garçon, c'est comme ça que tu me remercies ? Retourne au cercueil ! »

Il le ceintura, et le jeta dans la bière en refermant le couvercle. Les six hommes arrivèrent alors et l'emportèrent. « Je ne réussis pas à frissonner, dit-il. Ce n'est décidément pas ici que je l'apprendrai. »

À ce moment entra un homme plus grand que tous les autres et qui avait une mine effrayante. Il était vieux et portait une longue barbe blanche.

« Pauvre diable, lui dit-il, tu ne tarderas pas à savoir ce que c'est que de frissonner : tu vas mourir !

— Pas si vite ! répondit le garçon. Pour que je meure, il faudrait d'abord que vous me teniez.

— Je finirai bien par t'avoir ! dit le monstrueux bonhomme.

— Tout doux, tout doux ! ne te gonfle pas comme ça ! je suis aussi fort que toi. Et même bien plus fort !

— C'est ce qu'on verra, dit le vieux. Si tu es plus fort que moi, je te laisserai partir. Viens, essayons ! »

Il le conduisit par un sombre passage dans une forge, prit une hache et, d'un seul coup, enfonça une enclume dans le sol.

« Je ferai mieux », dit le jeune homme en s'approchant d'une autre enclume.

Le vieux se plaça à côté de lui pour bien voir, laissant pendre sa barbe blanche. Le garçon prit la hache, fendit l'enclume d'un seul coup et y coinça la barbe du vieux. « Et voilà ! Je te tiens ! dit-il, à toi de mourir maintenant ! » Il saisit une barre de fer et se mit à rouer de coups le vieux jusqu'à ce que celui-ci éclatât en lamentations et le suppliât de s'arrêter en lui promettant mille trésors.

Le jeune homme débloqua la hache et libéra le vieux qui le reconduisit au château et lui montra, dans une cave, trois caisses pleines d'or. « Il y en a une pour les pauvres, une pour le roi et la troisième sera pour toi », lui dit-il. Sur quoi, une heure sonna et le méchant esprit disparut. Le garçon se trouvait au milieu d'une profonde obscurité. « Il faudra bien que je m'en sorte », dit-il. Il tâtonna autour de lui, retrouva le chemin de sa chambre et s'endormit auprès de son feu.

Au matin, le roi arriva et dit : « Alors, as-tu appris à frissonner ?

— Non, répondit le garçon, je ne sais toujours pas. J'ai vu mon cousin mort et un homme barbu est venu qui m'a montré beaucoup d'or. Mais personne ne m'a dit ce que signifie frissonner. »

Le roi dit alors :

« Tu as libéré le château de ses fantômes et tu épouseras ma fille.

— Bonne chose ! répondit-il, mais je ne sais toujours pas frissonner. »

On alla chercher l'or, et les noces furent célébrées. Mais le jeune prince, quoiqu'il aimât son épouse et fût comblé, continuait à dire : « Si seulement j'avais peur, si seulement je pouvais frissonner ! » La princesse finit par en être contrariée.

Sa camériste lui dit : « Je vais l'aider à frissonner ! » Elle se rendit sur les bords du ruisseau qui coulait dans le jardin et se fit donner un plein seau de goujons. Durant la nuit, alors que son époux dormait, la princesse retira les couvertures et versa sur lui l'eau et les goujons, si bien que les petits poissons frétillaient tout autour de lui. Il s'éveilla et cria : « Ah ! comme je frissonne, chère femme ! Ah ! oui, maintenant je sais ce que c'est que de frissonner. »

Doucette

Il était une fois un homme et une femme qui, depuis longtemps, souhaitaient en vain avoir un enfant. Finalement, l'espoir vint à la femme que le Bon Dieu l'avait exaucée. Sur le derrière de la maison qu'ils habitaient, il y avait une petite fenêtre. En s'y penchant, on voyait un merveilleux jardin, plein des plus belles fleurs et des plus beaux légumes. Il était entouré d'un haut mur et personne n'y pouvait entrer. Il appartenait à une sorcière qui possédait de grands pouvoirs et que tout le monde craignait.

Un jour, la femme était à sa fenêtre et regardait le jardin. Elle aperçut une plate-bande de mâche magnifique. La salade était si appétissante, elle avait l'air si fraîche et si tendre qu'elle en conçut une grande envie d'en manger. Cette envie s'accrut de jour en jour et, comme elle savait qu'elle ne pouvait la satisfaire, elle dépérit et devint pâle et triste. Son mari s'en effraya et lui demanda :

« Que désires-tu, chère femme ?

— Ah ! répondit-elle, si l'on ne me donne pas à manger de cette mâche qui pousse dans le jardin que l'on voit par la fenêtre, je mourrai. »

L'homme, qui l'aimait beaucoup, pensa : Plutôt que de laisser mourir ma femme, j'irai chercher de cette mâche. Il en coûtera ce que cela voudra...

À la tombée du jour, il sauta par-dessus le mur dans le jardin de la sorcière, cueillit en toute hâte une poignée de mâche et la rapporta à sa femme. Elle s'en fit aussitôt une salade et en mangea tout son soûl. Cela lui plut tant que, le lendemain, elle en voulut plus encore. Pour avoir la paix, son mari décida de pénétrer une seconde fois, quand viendrait le soir, dans le jardin de la sorcière. Mais lorsqu'il atteignit le sommet du mur, il fut saisi d'une grande frayeur : la sorcière se tenait devant lui.

« Comment peux-tu te permettre d'entrer dans mon jardin et d'y prendre de la mâche comme un voleur ? lui dit-elle en lui lançant un regard plein de colère. Il t'en cuira.

— Ah ! répondit-il, que votre bon cœur vous fasse oublier votre droit. Je ne l'ai fait que poussé par le besoin. Ma femme a vu votre mâche par la fenêtre et elle en a eu si grande envie qu'elle serait morte si elle n'avait pu en manger. »

La colère de la sorcière s'évanouit et elle dit : « S'il en est comme tu le dis, je te permets d'emporter de la mâche, autant que tu veux. Je n'y mets qu'une condition : il faudra que tu me donnes l'enfant que ta femme va mettre au monde. Il sera heureux et je m'occuperai de lui comme une mère. »

Dans sa frayeur, l'homme accepta et quand l'enfant naquit, la sorcière apparut aussitôt, lui donna le nom de Doucette (parce que la mâche s'appelle aussi ainsi) et s'en alla en l'emmenant avec elle.

Doucette était la plus belle fillette que la terre eût jamais vue. Quand elle atteignit ses douze ans, la sorcière l'enferma dans une tour isolée au

MORGAN

milieu de la forêt et qui n'avait ni escalier, ni porte. Elle ne possédait qu'une toute petite fenêtre, tout en haut. Quand la sorcière voulait y pénétrer, elle criait depuis le bas :

« Doucette, Doucette,
De tes cheveux fais une chaînette. »

Doucette avait une chevelure magnifique, longue et nattée, comme de l'or fin. Quand elle entendait la voix de la sorcière, elle dénouait ses nattes, les attachait à l'espagnolette et les laissait glisser vingt aunes plus bas. La sorcière alors y grimpait.

Au bout de quelques années, il arriva que le fils du roi, qui chevauchait à travers la forêt, passa devant la tour. Il entendit une chanson, si belle qu'il s'arrêta. C'était Doucette qui, dans sa solitude, passait le temps à chanter de sa jolie voix. Le prince voulut la rejoindre et chercha une porte. Mais il n'y en avait pas. Il rentra chez lui. La chanson, cependant, lui avait tant remué l'âme qu'il retournait chaque jour à la forêt pour l'entendre. Un jour qu'il était ainsi posté derrière un arbre à écouter, il vit arriver la sorcière et l'entendit crier :

« Doucette, Doucette,
De tes cheveux fais une chaînette. »

Doucette fit ce que lui demandait la sorcière et celle-ci grimpa jusqu'en haut le long de ses cheveux. « Si c'est là l'échelle qui permet de monter, je tenterai ma chance », se dit le prince. Le lendemain, à la tombée de la nuit, il se rendit au pied de la tour et cria :

« Doucette, Doucette,
De tes cheveux fais une chaînette. »

Aussitôt, les cheveux glissèrent le long du mur et le prince y grimpa. Tout d'abord, Doucette fut effrayée de voir entrer un homme chez elle. Elle n'en avait jamais vu. Mais le prince se mit à lui parler avec amitié et lui raconta comment son cœur avait été ému par ses chants. Il n'avait plus eu de repos avant de la voir elle-même. Doucette se sentit rassurée. Et quand il lui demanda si elle l'accepterait pour époux, et quand elle vit qu'il était jeune et beau, elle se dit : « Il m'aimera mieux que la vieille sorcière. »

Elle dit oui et mit sa main dans la sienne. Puis elle ajouta : « J'aimerais bien partir avec toi, mais je ne sais pas comment je ferai pour descendre. Quand tu reviendras, apporte chaque fois une corde de soie. J'en ferai une échelle et quand elle sera prête, je descendrai et tu m'emporteras sur ton cheval. »

Ils convinrent qu'il reviendrait tous les soirs, parce que, dans la journée, la sorcière venait. Celle-ci ne remarqua rien. Jusqu'au jour où Doucette lui dit : « Dites-moi donc, pourquoi êtes-vous beaucoup plus lourde à soulever que le jeune prince ? Lui, il est auprès de moi en un clin d'œil !

— Ah ! mécréante ! s'écria la sorcière, qu'entends-je ? Je croyais t'avoir séparée du monde. Et tu m'as trompée ! »

Dans sa colère, elle saisit les beaux cheveux de Doucette, les entoura à plusieurs reprises autour de sa main gauche, prit des ciseaux de la main droite et déjà les belles boucles gisaient sur le sol. Puis elle entraîna la pauvre Doucette dans un lieu désert où elle fut contrainte de vivre dans le malheur et les gémissements.

Le jour même où la sorcière avait ainsi éloigné Doucette, elle accrocha, au crépuscule, les nattes coupées à l'espagnolette. Lorsque le prince arriva et cria :

« Doucette, Doucette,
De tes cheveux fais une chaînette »

elle les laissa descendre le long de la tour. Le fils du roi grimpa, mais au lieu de trouver au bout de sa course sa chère Doucette, il vit la sorcière. Elle le regardait de ses yeux méchants et venimeux :

« Ah ! ah ! dit-elle, d'un ton mielleux, tu viens chercher ta bien-aimée ! Le bel oiseau n'a plus de nid et il a fini de chanter. Le chat l'a pris et il lui crèvera les yeux. Doucette est perdue pour toi ! tu ne la verras plus jamais. »

Le prince, que la douleur avait rendu fou, sauta du haut de la tour. Il en réchappa, mais les épines sur lesquelles il tomba lui crevèrent les yeux.

Aveugle il erra par la forêt, ne mangeant que des racines et des baies sauvages, gémissant et pleurant la perte de sa bien-aimée. Il voyagea ainsi plusieurs années durant, affreusement malheureux ; il finit par arriver un jour dans le désert au milieu duquel Doucette vivait misérablement avec les deux jumeaux, un garçon et une fille, auxquels elle avait donné le jour.

Entendant une voix qui lui semblait familière, il se dirigea vers elle. Quand elle le vit, Doucette le reconnut et se jeta dans ses bras en pleurant. Deux de ses larmes touchèrent les yeux du prince. Ils redevinrent clairs et il retrouva sa vue d'autrefois. Il conduisit Doucette dans son royaume où on les reçut avec joie. Et ils vécurent encore longtemps gais et contents.

Les trois fileuses

Il était une fois une fille paresseuse qui ne voulait pas filer. Sa mère avait beau dire et faire, elle ne pouvait rien en tirer. Un jour, elle se mit si fort en colère qu'elle la battit et la fille pleura avec de gros sanglots. Justement la reine passait par là. Entendant pleurer, elle fit arrêter son carrosse, entra dans la maison et demanda à la mère pourquoi elle battait ainsi sa fille, au point qu'on l'entendait crier jusque dans la rue.

La femme eut honte d'avouer la paresse de sa fille et dit : « Je ne peux pas lui ôter son fuseau :

elle ne pense qu'à filer ! Mais je suis pauvre et je ne peux acheter tant de lin. »

La reine lui répondit : « J'aime plus que tout entendre filer et rien ne me plaît comme le ronronnement du rouet. Donnez-moi votre fille, je l'emmènerai au château ; elle filera autant qu'elle voudra. »

La mère se réjouit dans son cœur et la reine emmena la jeune fille. Arrivée au château, elle la conduisit dans trois chambres qui étaient pleines de lin magnifique.

« Maintenant file cela, dit-elle, et quand tu en auras terminé, tu épouseras mon fils aîné. Que tu sois pauvre, je ne m'en soucie pas ; ton ardeur au travail te servira de dot. »

La jeune fille eut peur : elle ne pourrait jamais filer tout ce lin ! Même en travaillant pendant trois cents ans, du matin jusqu'au soir, elle n'y arriverait pas. Quand elle fut seule, elle se mit à pleurer et resta là trois jours durant sans rien faire de ses dix doigts. Le troisième jour, la reine vint la voir et fut bien étonnée qu'elle n'ait rien fait. Mais la jeune fille s'excusa disant que la tristesse d'avoir quitté sa mère l'avait empêchée de commencer. La reine la crut, mais lui dit : « Demain, il faut que tu te mettes à travailler ! »

Lorsque la jeune fille fut seule de nouveau, elle ne sut plus que faire et, toute désolée, se mit à la fenêtre. Elle vit trois femmes qui s'approchaient. La première avait un pied plat, la deuxième une lèvre qui lui pendait sur le menton et la troisième un pouce extraordinairement large.

Elles restèrent plantées sous la fenêtre, regardèrent en l'air et demandèrent à la jeune fille ce qui n'allait pas. Elle leur dit son chagrin. Alors, elles lui offrirent de l'aider :

« Si tu nous invites à tes noces, si tu n'as pas honte de nous, si tu nous appelles cousines et si tu nous fais asseoir à ta table, alors, nous filerons le lin et ce ne sera pas long.

— De grand cœur, répondit-elle. Entrez et mettez-vous tout de suite au travail. »

Elle fit entrer les trois femmes étranges et leur installa un coin dans la première chambre, où elles se mirent à filer. L'une tirait le lin et faisait tourner le rouet, la deuxième mouillait le fil, la troisième le roulait sur la table avec son doigt et une mesure du lin le plus fin tombait par terre à chaque coup de pouce.

La jeune fille cacha les trois fileuses à la reine et, chaque fois qu'elle venait, elle lui montrait l'énorme quantité de lin déjà filé. La reine ne tarissait pas d'éloges.

Quand la première chambre fut vide, ce fut au tour de la deuxième et, finalement, de la troisième qui fut bientôt expédiée. Alors, les trois femmes prirent congé de la jeune fille en lui disant : « N'oublie pas ce que tu nous as promis, ce sera pour ton bonheur ! »

Lorsque la jeune fille montra à la reine les trois chambres vides et le lin filé, celle-ci prépara les noces et le fiancé se réjouit de prendre pour épouse une femme aussi adroite et il la loua fort.

« J'ai trois cousines, dit-elle, et comme elles

ont été très bonnes pour moi, je voudrais bien ne pas les oublier dans mon bonheur. Permettez que je les invite à mes noces et qu'elles s'assoient à ma table. » La reine et le fiancé répondirent : « Pourquoi ne les inviterions-nous pas ? »

Lorsque la fête commença, les trois femmes arrivèrent, bizarrement vêtues, et la fiancée dit :

« Soyez les bienvenues, chères cousines.

— Oh ! dit le fiancé, comment se fait-il que tu aies de l'amitié pour d'aussi vilaines personnes ? »

Il s'approcha de celle qui avait un pied plat et lui dit :

« D'où vous vient ce pied si large ?

— C'est le rouet, dit-elle, c'est le rouet. »

Il vint à la deuxième et dit :

« D'où vous vient cette lèvre pendante ?

— D'avoir mouillé le fil, dit-elle, mouillé le fil. »

Il demanda à la troisième :

« D'où vous vient ce pouce si large ?

— D'avoir tordu le fil, dit-elle, tordu le fil. »

Alors, épouvanté, le fils du roi s'écria : « Que plus jamais ma jolie fiancée ne touche à un rouet. » Et c'est ainsi que la jeune fille n'eut plus jamais à faire ce qu'elle détestait.

Jeannot et Margot

À l'orée d'une grande forêt vivaient un pauvre bûcheron, sa femme et ses deux enfants. Le garçon s'appelait Jeannot et la fille Margot. La famille ne mangeait guère. Une année que la famine régnait dans le pays et que le pain lui-même vint à manquer, le bûcheron ruminait des idées noires, une nuit, dans son lit, et remâchait ses soucis. Il dit à sa femme :

« Qu'allons-nous devenir ? Comment nourrir nos pauvres enfants, quand nous n'avons plus rien pour nous-mêmes ?

— Eh bien, mon homme, dit la femme, sais-tu ce que nous allons faire ? Dès l'aube, nous conduirons les enfants au plus profond de la forêt ; nous leur allumerons un feu et leur donnerons à chacun un petit morceau de pain. Puis nous irons à notre travail et les laisserons seuls. Ils ne retrouveront plus leur chemin et nous en serons débarrassés.

— Non, femme, dit le bûcheron. Je ne ferai pas cela ! Comment pourrais-je me résoudre à laisser nos enfants tout seuls dans la forêt ! Les bêtes sauvages ne tarderaient pas à les dévorer.

— Oh ! fou, répliqua-t-elle, tu préfères donc que nous mourions de faim tous les quatre ? Alors, il ne te reste qu'à raboter les planches de nos cercueils. »

Elle n'eut de cesse qu'il n'acceptât ce qu'elle proposait. « Mais j'ai quand même pitié de ces pauvres enfants », dit le bûcheron.

Les deux petits n'avaient pas pu s'endormir tant ils avaient faim. Ils avaient entendu ce que la marâtre disait à leur père. Margot pleura des larmes amères et dit à son frère :

« C'en est fait de nous !

— Du calme, Margot, dit Jeannot. Ne t'en fais pas ; je trouverai un moyen de nous en tirer. »

Quand les parents furent endormis, il se leva, enfila ses habits, ouvrit la porte et se glissa dehors. La lune brillait dans le ciel et les graviers blancs, devant la maison, étincelaient comme des diamants. Jeannot se pencha et en mit dans ses poches autant qu'il put. Puis il rentra dans la maison et dit à Margot : « Aie confiance, chère petite sœur, et dors tranquille. Dieu ne nous abandonnera pas. » Et lui-même se recoucha.

Quand vint le jour, avant même que le soleil ne se levât, la femme réveilla les deux enfants : « Debout, paresseux ! Nous allons dans la forêt pour y chercher du bois. » Elle leur donna un morceau de pain à chacun et dit : « Voici pour le repas de midi ; ne mangez pas tout avant, car vous n'aurez rien d'autre. » Comme les poches de Jeannot étaient pleines de cailloux, Margot mit le pain dans son tablier. Puis, ils se mirent tous en route pour la forêt.

Au bout de quelque temps, Jeannot s'arrêta et regarda en direction de la maison. Et sans cesse, il répétait ce geste. Le père dit :

« Que regardes-tu, Jeannot, et pourquoi restes-tu toujours en arrière ? Fais attention à toi et n'oublie pas de marcher !

— Ah ! père, dit Jeannot, je regarde mon petit

chat blanc qui est perché là-haut sur le toit et je lui dis au revoir. »

La femme dit : « Fou que tu es ! ce n'est pas le chaton, c'est un reflet de soleil sur la cheminée. » Jeannot, en réalité, n'avait pas vu le chat. Mais, à chaque arrêt, il prenait un caillou blanc dans sa poche et le jetait sur le chemin.

Quand ils furent arrivés au milieu de la forêt, le père dit : « Maintenant, les enfants, ramassez du bois ! Je vais allumer un feu pour que vous n'ayez pas froid. » Jeannot et Margot amassèrent des brindilles au sommet d'une petite colline. Quand on y eut mis le feu et qu'il eut bien pris, la femme dit : « Couchez-vous auprès du feu, les enfants, et reposez-vous. Nous allons abattre du bois. Quand nous aurons fini, nous reviendrons vous chercher. »

Jeannot et Margot s'assirent auprès du feu et quand vint l'heure du déjeuner, ils mangèrent leur morceau de pain. Ils entendaient retentir des coups de hache et pensaient que leur père était tout proche. Mais ce n'était pas la hache. C'était une branche que le bûcheron avait attachée à un arbre mort et que le vent faisait battre de-ci, de-là. Comme ils étaient assis là depuis des heures, les yeux finirent par leur tomber de fatigue et ils s'endormirent.

Quand ils se réveillèrent, il faisait nuit noire. Margot se mit à pleurer et dit : « Comment ferons-nous pour sortir de la forêt ? » Jeannot la consola : « Attends encore un peu, dit-il, jusqu'à ce que la lune soit levée. Alors, nous retrouverons notre chemin. » Quand la pleine lune brilla dans le ciel, il prit sa sœur par la main et suivit les petits cailloux blancs. Ils étincelaient comme des écus frais battus et indiquaient le chemin.

Les enfants marchèrent toute la nuit et, quand le jour se leva, ils atteignirent la maison paternelle. Ils frappèrent à la porte. Lorsque la femme eut ouvert et quand elle vit que c'étaient Jeannot et Margot, elle dit : « Méchants enfants ! pourquoi avez-vous dormi si longtemps dans la forêt ? Nous pensions que vous ne reviendriez jamais. » Leur père, lui, se réjouit, car il avait le cœur lourd de les avoir laissés seuls dans la forêt.

Peu de temps après, la misère régna de plus belle et les enfants entendirent ce que la marâtre disait, pendant la nuit, à son mari : « Il ne nous reste plus rien à manger, une demi-miche seulement, et après, finie la chanson ! Il faut nous débarrasser des enfants ; nous les conduirons

encore plus profond dans la forêt pour qu'ils ne puissent plus retrouver leur chemin ; il n'y a rien d'autre à faire. »

Le père avait bien du chagrin. Il songeait : « Il vaudrait mieux partager la dernière bouchée avec les enfants. » Mais la femme ne voulut rien entendre. Elle le gourmanda et lui fit mille reproches. Qui a dit A doit dire B. Comme il avait accepté une première fois, il dut consentir de nouveau.

Les enfants n'étaient pas encore endormis. Ils avaient tout entendu. Quand les parents furent plongés dans le sommeil, Jeannot se leva avec l'intention d'aller ramasser des cailloux comme la fois précédente. Mais la marâtre avait verrouillé la porte et le garçon ne put sortir. Il consola cependant sa petite sœur : « Ne pleure pas, Margot, dors tranquille ; le Bon Dieu nous aidera. »

Tôt le matin, la marâtre fit lever les enfants. Elle leur donna un morceau de pain, plus petit encore que l'autre fois. Sur la route de la forêt, Jeannot l'émietta dans sa poche ; il s'arrêtait souvent pour en jeter un peu sur le sol.

« Jeannot, qu'as-tu à t'arrêter et à regarder autour de toi ? dit le père. Va ton chemin !

— Je regarde ma petite colombe, sur le toit, pour lui dire au revoir ! répondit Jeannot.

— Fou ! dit la femme. Ce n'est pas la colombe, c'est le soleil qui se joue sur la cheminée. »

Jeannot, cependant, continuait à semer des miettes de pain le long du chemin.

La marâtre conduisit les enfants au fin fond de la forêt, plus loin qu'ils n'étaient jamais allés. On y refit un grand feu et la femme dit : « Restez là, les enfants. Quand vous serez fatigués, vous pourrez dormir un peu ; nous allons couper du bois et, ce soir, quand nous aurons fini, nous viendrons vous chercher. »

À midi, Margot partagea son pain avec Jeannot qui avait éparpillé le sien le long du chemin. Puis ils dormirent et la soirée passa sans que personne ne revînt auprès d'eux. Ils s'éveillèrent au milieu de la nuit, et Jeannot consola sa petite sœur, disant : « Attends que la lune se lève, Margot, nous verrons les miettes de pain que j'ai jetées ; elles nous montreront le chemin de la maison. »

Quand la lune se leva, ils se mirent en route. Mais de miettes, point. Les mille oiseaux des champs et des bois les avaient mangées. Les deux enfants marchèrent toute la nuit et tout le jour suivant, sans trouver à sortir de la forêt. Ils mouraient de faim, n'ayant à se mettre sous la dent que quelques baies sauvages. Ils étaient si fatigués que leurs jambes ne voulaient plus les porter. Ils se couchèrent au pied d'un arbre et s'endormirent.

Trois jours s'étaient déjà passés depuis qu'ils avaient quitté la maison paternelle. Ils continuaient à marcher, s'enfonçant toujours plus avant dans la forêt. Si personne ne leur venait en aide, ils ne tarderaient pas à mourir.

À midi, ils virent un joli oiseau sur une branche, blanc comme neige. Il chantait si bien que les enfants s'arrêtèrent pour l'écouter. Quand il eut fini, il déploya ses ailes et vola devant eux. Ils le suivirent jusqu'à une petite maison sur le toit de laquelle le bel oiseau blanc se percha.

Quand ils s'en furent approchés tout près, ils virent qu'elle était faite de pain et recouverte de gâteau. Les fenêtres étaient en sucre. « Nous allons nous mettre au travail, dit Jeannot, et faire un repas béni de Dieu. Je mangerai un morceau de toit ; ça a l'air d'être bon ! » Jeannot grimpa sur le toit et en arracha un petit morceau pour goûter. Margot se mit à croquer les carreaux. On entendit alors une voix suave qui venait de la chambre :

« Croque, croque, grignote !
Qui donc ma maison croque ? »
Les enfants répondirent :
« C'est le vent, c'est le vent.
Ce céleste enfant. »

Et ils continuèrent à manger sans se laisser détourner de leur tâche. Jeannot, qui trouvait le toit fort bon, en fit tomber un gros morceau par terre et Margot découpa une vitre entière, s'assit sur le sol et se mit à manger.

La porte, tout à coup, s'ouvrit et une femme, vieille comme les pierres, s'appuyant sur une canne, sortit de la maison. Jeannot et Margot eurent si peur qu'ils laissèrent tomber tout ce qu'ils tenaient dans leurs mains. La vieille secoua la tête et dit : « Eh ! chers enfants, qui vous a conduits ici ? Entrez, venez chez moi ! Il ne vous sera fait aucun mal. »

Elle les prit tous les deux par la main et les fit entrer dans la maisonnette. Elle leur servit un bon repas, du lait et des beignets avec du sucre, des pommes et des noix. Elle prépara ensuite deux petits lits. Jeannot et Margot s'y couchèrent. Ils se croyaient au paradis.

Mais l'amitié de la vieille n'était qu'apparente. En réalité, c'était une méchante sorcière à l'affût des enfants. Elle n'avait construit la maison de pain que pour les attirer. Quand elle en prenait un, elle le tuait, le faisait cuire et le mangeait. Pour elle, c'était alors jour de fête. La sorcière avait les yeux rouges et elle ne voyait pas très clair. Mais elle avait un instinct très sûr, comme les bêtes, et sentait venir de loin les êtres humains. Quand Jeannot et Margot s'étaient approchés de sa demeure, elle avait ri méchamment et dit d'une voix mielleuse : « Ceux-là, je les tiens ! Il ne faudra pas qu'ils m'échappent ! »

À l'aube, avant que les enfants ne se soient éveillés, elle se leva. Quand elle les vit qui reposaient si gentiment, avec leurs bonnes joues toutes roses, elle murmura : « Quel bon repas je vais faire ! » Elle attrapa Jeannot de sa main rêche, le conduisit dans une petite étable et l'y enferma au verrou. Il eut beau crier, cela ne lui servit à rien. La sorcière s'approcha ensuite de Margot, la secoua pour la réveiller et s'écria : « Debout, paresseuse !

Va chercher de l'eau et prépare quelque chose de bon à manger pour ton frère. Il est enfermé à l'étable et il faut qu'il engraisse. Quand il sera à point, je le mangerai. » Margot se mit à pleurer, mais cela ne lui servit à rien. Elle fut obligée de faire ce que lui demandait l'ogresse.

On prépara pour le pauvre Jeannot les plats les plus délicats. Margot, elle, n'eut droit qu'aux carapaces d'écrevisses. Tous les matins, la vieille se glissait jusqu'à l'écurie et disait : « Jeannot, tends tes doigts, que je voie si tu es déjà assez gras. » Mais Jeannot tendait un petit os et la sorcière, qui avait de mauvais yeux, ne s'en rendait pas compte. Elle croyait que c'était vraiment le doigt de Jeannot et s'étonnait qu'il n'engraissât point.

Quand quatre semaines furent passées, et que l'enfant était toujours aussi maigre, elle perdit patience et décida de ne pas attendre plus longtemps. « Holà ! Margot, cria-t-elle, dépêche-toi d'apporter de l'eau. Que Jeannot soit gras ou maigre, c'est demain que je le tuerai et le mangerai. »

Ah ! comme elle pleurait, la pauvre petite, en charriant ses seaux d'eau, comme les larmes coulaient le long de ses joues !

« Dieu bon, aide-nous donc ! s'écria-t-elle. Si seulement les bêtes de la forêt nous avaient dévorés ! Au moins serions-nous morts ensemble !

— Cesse de te lamenter ! dit la vieille ; ça ne te servira à rien ! »

De bon matin, Margot fut chargée de remplir la grande marmite d'eau et d'allumer le feu. « Nous allons d'abord faire la pâte, dit la sorcière. J'ai déjà fait chauffer le four et préparé ce qu'il faut. » Elle poussa la pauvre Margot vers le four, d'où sortaient de grandes flammes. « Faufile-toi dedans ! ordonna-t-elle, et vois s'il est assez chaud pour la cuisson. » Elle avait l'intention de fermer le four quand la petite y serait pour la faire rôtir. Elle voulait la manger, elle aussi. Mais Margot devina son projet et dit :

« Je ne sais comment faire ; comment entre-t-on dans ce four ?

— Petite oie, dit la sorcière, l'ouverture est assez grande, vois, je pourrais y entrer moi-même. »

Et elle y passa la tête. Alors Margot la poussa vivement dans le four, claqua la porte et la verrouilla. La sorcière se mit à hurler épouvantablement. Mais Margot s'en alla et cette abominable sorcière n'eut plus qu'à rôtir.

Margot, elle, courut aussi vite qu'elle le pouvait chez Jeannot. Elle ouvrit la petite étable et dit : « Jeannot, nous sommes libres ! La vieille sorcière est morte ! » Jeannot bondit hors de sa prison, aussi rapide qu'un oiseau dont on vient d'ouvrir la cage.

Comme ils étaient heureux ! Comme ils se prirent par le cou, dansèrent et s'embrassèrent ! N'ayant plus rien à craindre, ils pénétrèrent dans la maison de la sorcière. Dans tous les coins, il y avait des caisses pleines de perles et de diamants. « C'est encore mieux que mes petits cailloux ! » dit Jeannot en en remplissant ses poches. Et Margot ajouta : « Moi aussi, je veux en rapporter à la maison ! » Et elle en mit tant qu'elle put dans son tablier. « Maintenant, il nous faut partir, dit Jeannot, si nous voulons fuir cette forêt ensorcelée. » Au bout de quelques heures, ils arrivèrent sur les bords d'une grande rivière.

« Nous ne pourrons pas la traverser, dit Jeannot, je ne vois ni passerelle ni pont.

— On n'y voit aucune barque non plus, dit Margot. Mais voici un canard blanc. Si je le lui demande, il nous aidera à traverser. » Elle cria :

« Petit canard, petit canard,
Nous sommes Jeannot et Margoton.
Il n’y a ni barque, ni gué, ni pont,
Fais-nous passer avant qu’il ne soit tard. »

Le petit canard s’approcha et Jeannot se mit à califourchon sur son dos. Il demanda à sa sœur de prendre place à côté de lui. « Non, répondit-elle, ce serait trop lourd pour le canard. Nous traverserons l’un après l’autre. » La bonne petite bête les mena ainsi à bon port. Quand ils eurent donc passé l’eau sans dommage, ils s’aperçurent au bout de quelque temps que la forêt leur devenait de plus en plus familière. Finalement, ils virent au loin la maison de leur père. Ils se mirent à courir, se ruèrent dans la chambre de leurs parents et sautèrent au cou de leur père.

L’homme n’avait plus eu une seule minute de bonheur depuis qu’il avait abandonné ses enfants dans la forêt. Sa femme était morte. Margot secoua son tablier, et les perles et les diamants roulèrent à travers la chambre. Jeannot en sortit d’autres de ses poches, par poignées. C’en était fini des soucis. Ils vécurent heureux tous ensemble.

Mon conte est fini,
Voilà une souris,
Qui peut l'attraper
S'en fait un grand bonnet fourré !

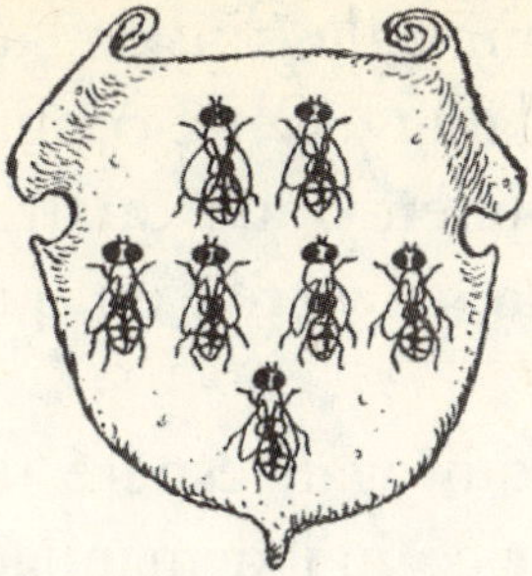

Le vaillant petit tailleur

Par un beau matin d'été, un petit tailleur assis sur une table et de fort bonne humeur, cousait de tout son cœur.

Arrive dans la rue une paysanne qui crie : « Bonne confiture à vendre ! Bonne confiture à vendre ! » Le petit tailleur entendit ces paroles avec plaisir. Il passa sa tête délicate par la fenêtre et dit : « Venez ici, chère madame ! C'est ici qu'on vous débarrassera de votre marchandise. » La femme grimpa les trois marches avec son lourd panier et le tailleur lui fit déballer tous ses pots. Il les examina, les tint en l'air, les renifla et finalement déclara : « Cette confiture me semble bonne. Pesez-m'en donc quatre onces, chère madame. Même s'il y en a un quart de livre, ça ne fera rien. »

La femme, qui avait espéré trouver un bon client, lui donna ce qu'il demandait, mais s'en alla bien fâchée et en grognant.

« Et maintenant, dit le petit tailleur, que Dieu bénisse cette confiture et qu'elle me donne de la force ! » Il prit une miche dans le buffet, s'en coupa un grand morceau par le travers et le couvrit de confiture. « Ça ne sera pas mauvais, dit-il. Mais avant d'y mettre les dents, il faut que je termine ce pourpoint. » Il posa la tartine à côté de lui et continua à coudre et, de joie, faisait des points de plus en plus grands.

Pendant ce temps, l'odeur de la confiture parvenait jusqu'aux murs de la chambre qui étaient recouverts d'un grand nombre de mouches, si bien qu'elles furent attirées et se jetèrent sur la tartine.

« Eh ! dit le petit tailleur. Qui vous a invitées ? » Et il chassa ces hôtes indésirables. Mais les mouches, qui ne comprenaient pas la langue humaine, ne se laissèrent pas intimider. Elles revinrent plus nombreuses.

Alors, comme on dit, le petit tailleur sentit la moutarde lui monter au nez. Il attrapa un torchon et : « Je vais vous en donner, moi, de la confiture ! », leur en donna un grand coup. Lorsqu'il retira le torchon et compta ses victimes, il n'y avait pas moins de sept mouches raides mortes.

« Tu es un fameux gaillard, se dit-il en admirant sa vaillance. Il faut que toute la ville le sache. » En toute hâte, il se tailla une ceinture, la cousit et broda dessus en grandes lettres : *Sept d'un coup.* « Eh ! quoi, seulement la ville ?... c'est le monde entier qui doit savoir ça ! » Et son cœur battait de joie comme une queue d'agneau.

Le tailleur s'attacha la ceinture autour du corps et s'apprêta à partir dans le monde, pensant que son atelier était trop petit pour son courage. Avant de quitter la maison, il chercha autour de lui ce qu'il pourrait emporter. Il ne trouva qu'un fromage et le mit dans sa poche. Devant la porte, il remarqua un oiseau qui s'était pris dans les broussailles ; il lui fit rejoindre le fromage. Après quoi, il partit vaillamment et, comme il était léger et agile, il ne ressentit aucune fatigue. Le chemin le conduisit sur une montagne et lorsqu'il en eut escaladé le plus haut sommet, il y vit un géant qui regardait tranquillement le paysage.

Le petit tailleur s'approcha bravement de lui et l'apostropha :

« Bonjour, camarade ! Alors, tu es assis là et tu admires le vaste monde ? C'est justement là que je vais pour y faire mes preuves. Ça te dirait de venir avec moi ? »

Le géant examina le tailleur d'un air méprisant et dit :

« Gredin, triste individu !

— Tu crois ça, répondit le tailleur en dégrafant son manteau et en montrant sa ceinture au géant. Regarde là quel homme je suis ! »

Le géant lut : *Sept d'un coup,* s'imagina qu'il s'agissait là d'hommes que le tailleur avait tués et commença à avoir un peu de respect pour le petit homme. Mais il voulait d'abord l'éprouver. Il prit une pierre dans sa main et la serra si fort qu'il en coula de l'eau.

« Fais-en autant, dit-il, si tu as de la force.

— C'est tout ? demanda le petit tailleur. Un jeu d'enfant ! »

Il plongea la main dans sa poche, en sortit le

fromage et le pressa si fort qu'il en coula du jus. « Hein, dit-il, c'était un peu mieux ! »

Le géant ne savait que dire. Il n'arrivait pas à croire le petit homme. Il prit une pierre et la lança si haut qu'on ne pouvait presque plus la voir.

« Alors, avorton, fais-en autant !

— Bien lancé, dit le tailleur, mais la pierre est retombée par terre. Je vais t'en lancer une qui ne reviendra pas. »

Il prit l'oiseau dans sa poche et le lança en l'air. Heureux d'être libre, l'oiseau monta vers le ciel et ne revint pas.

« Que dis-tu de ça, camarade ? demanda le tailleur.

— Tu sais lancer, dit le géant, mais on va voir maintenant ce que tu es capable de porter. »

Il conduisit le petit tailleur auprès d'un énorme chêne qui était tombé par terre et dit :

« Si tu es assez fort, aide-moi à sortir cet arbre de la forêt.

— Volontiers, répondit le petit homme, prends le tronc sur ton épaule, je porterai les branches et la ramure, c'est ça le plus lourd. »

Le géant prit le tronc sur son épaule ; le tailleur s'assit sur une branche et le géant, qui ne pouvait se retourner, dut porter l'arbre entier avec le tailleur par-dessus le marché. Celui-ci était tout joyeux et d'excellente humeur. Il sifflait la chanson « À cheval s'en allaient trois tailleurs... », comme si le fait de porter cet arbre eût été un jeu d'enfant.

Lorsque le géant eut porté l'arbre pendant quelque temps, il n'en pouvait plus et il s'écria : « Écoute, il faut que je le laisse tomber. » Le tailleur sauta en vitesse au bas de sa branche et dit au géant : « Tu es si grand et tu ne peux même pas porter l'arbre ! »

Ensemble, ils poursuivirent leur chemin. Comme ils passaient sous un cerisier, le géant attrapa le faîte de l'arbre d'où pendaient les fruits les plus mûrs, le mit dans la main du tailleur et l'invita à manger. Le tailleur était bien trop faible pour retenir l'arbre et lorsque le géant le lâcha, il se détendit et le petit homme fut expédié dans les airs. Quand il fut retombé sur terre, sans dommage, le géant lui dit :

« Que signifie cela ? Tu n'as même pas la force de retenir ce petit bâton ?

— Ce n'est pas la force qui me manque, répondit le tailleur. Tu t'imagines que c'est ça qui ferait peur à celui qui en a tué sept d'un coup ? J'ai sauté par-dessus l'arbre parce qu'il y a des chasseurs qui tirent dans les taillis. Saute, toi aussi, si tu le peux ! »

Le géant essaya, n'y parvint pas et resta pendu dans les branches de sorte que, cette fois encore, ce fut le tailleur qui gagna.

Le géant lui dit : « Si tu es si vaillant, viens dans notre caverne pour y passer la nuit avec nous. » Le petit tailleur accepta et l'accompagna. Lorsqu'ils arrivèrent dans la grotte, les autres géants étaient assis autour du feu et chacun d'entre eux tenait à la main un monstrueux rôti dans lequel il mordait. Le petit tailleur regarda autour de lui et pensa : « C'est bien plus grand ici que dans mon atelier. » Le géant lui indiqua un lit et lui dit de s'y coucher et d'y dormir. Mais le lit était trop grand pour le petit tailleur. Il ne s'y coucha pas, et s'allongea dans un coin.

Quand il fut minuit et que le géant pensa que le tailleur dormait profondément, il prit une barre de fer et, d'un seul coup, brisa le lit, croyant avoir donné le coup de grâce au rase-mottes. Au matin, les géants s'en allèrent dans la forêt. Ils avaient complètement oublié le tailleur. Et le voilà qui s'avançait tout joyeux et plein de témérité ! Les géants prirent peur, craignirent qu'il ne les tuât tous et s'enfuirent en toute hâte.

MORGAN

Le petit tailleur poursuivit son chemin au hasard. Après avoir longtemps voyagé, il arriva dans la cour d'un palais royal et, comme il était fatigué, il se coucha et s'endormit. Pendant qu'il était là, des gens s'approchèrent, qui lurent sur sa ceinture : *Sept d'un coup.* « Eh ! dirent-ils, que vient faire ce foudre de guerre dans notre paix ? Ce doit être un puissant seigneur ! » Ils allèrent le dire au roi, pensant que si la guerre éclatait ce serait là un homme utile et important, qu'il ne fallait laisser repartir à aucun prix.

Ce conseil plut au roi et il envoya l'un de ses courtisans auprès du petit tailleur avec pour mission de lui offrir une fonction militaire quand il s'éveillerait. Le messager resta planté près du dormeur, attendit qu'il remuât les membres et ouvrît les yeux et lui présenta sa requête. « C'est justement pour cela que je suis venu ici, répondit-il. Je suis prêt à entrer au service du roi. » Il fut reçu avec tous les honneurs et on mit à sa disposition une demeure particulière.

Les gens de guerre ne voyaient cependant pas le petit tailleur d'un bon œil. Ils le souhaitaient à mille lieues. « Qu'est-ce que ça va donner, disaient-ils entre eux, si nous nous prenons de querelle avec lui et qu'il frappe ? Il y en aura sept à chaque fois qui tomberont. Aucun de nous ne se tirera d'affaire. » Ils décidèrent donc de se rendre tous auprès du roi et demandèrent à quitter son service. « Nous ne sommes pas faits, dirent-ils, pour rester à côté d'un homme qui en abat sept d'un coup. »

Le roi était triste de perdre, à cause d'un seul, ses meilleurs serviteurs. Il aurait souhaité ne l'avoir jamais vu et aurait bien voulu qu'il repartît. Mais il n'osait pas lui donner son congé parce qu'il aurait pu le tuer et tout son monde et prendre sa place sur le trône. Il hésita longtemps. Finalement, il eut une idée.

Il fit dire au petit tailleur que, parce qu'il était un si grand foudre de guerre, il voulait bien lui faire une proposition. Dans une forêt de son pays habitaient deux géants qui causaient de gros ravages, pillaient, tuaient, mettaient tout à feu et à sang. Personne ne pouvait les approcher sans mettre sa vie en péril. S'il les vainquait et qu'il les tuât, il lui donnerait sa fille unique en mariage et la moitié de son royaume en dot. Cent cavaliers l'accompagneraient et lui prêteraient secours.

« Voilà qui convient à un homme comme moi, songea le petit tailleur. Une jolie princesse et la moitié d'un royaume, ça ne se trouve pas tous les jours. » Il accepta donc : « Je viendrai bien à bout des géants et je n'ai pas besoin de cent cavaliers. Celui qui en tue sept d'un coup n'a rien à craindre quand il n'y en a que deux. »

Le petit tailleur prit la route et les cent cavaliers le suivaient. Quand il arriva à l'orée de la forêt, il dit à ses compagnons : « Restez ici, je viendrai bien tout seul à bout des géants. » Il s'enfonça dans la forêt en regardant à droite et à gauche. Au bout d'un moment, il aperçut les deux géants. Ils étaient couchés sous un arbre et dormaient en ronflant si fort que les branches en bougeaient.

Pas paresseux, le petit tailleur remplit ses poches de cailloux et grimpa dans l'arbre. Quand il fut à mi-hauteur, il se glissa le long d'une branche jusqu'à se trouver exactement au-dessus des dormeurs et fit tomber sur la poitrine de l'un des géants une pierre après l'autre. Longtemps, le géant ne sentit rien. Finalement, il se réveilla, secoua son compagnon et lui dit :

« Pourquoi me frappes-tu ?

— Tu rêves, répondit l'autre. Je ne te frappe pas. »

Ils se remirent à dormir. Alors le petit tailleur jeta un caillou sur le second des géants.

« Qu'est-ce que c'est ? cria-t-il. Pourquoi me frappes-tu ?

— Je ne te frappe pas », répondit le premier en grognant.

Ils se querellèrent un instant mais, comme ils étaient fatigués, ils cessèrent et se rendormirent.

Le petit tailleur recommença son jeu, choisit une grosse pierre et la lança avec force sur la poitrine du premier géant. « C'est trop fort ! » s'écria celui-ci. Il bondit comme un fou et jeta son compagnon contre l'arbre, si fort que celui-ci en fut ébranlé. Le second lui rendit la monnaie de sa pièce et ils entrèrent dans une telle colère qu'ils arrachaient des arbres pour s'en frapper l'un l'autre. À la fin, ils tombèrent tous deux morts sur le sol.

Le petit tailleur regagna alors la terre ferme. « Une chance qu'ils n'aient pas arraché l'arbre sur lequel j'étais perché. Il aurait fallu que je saute sur un autre comme un écureuil. Heureusement que l'on est agiles, nous autres ! » Il tira son épée et en donna quelques bons coups à chacun dans la poitrine ; puis il rejoignit les cavaliers et leur dit :

« Le travail est fait, je leur ai donné le coup de grâce à tous les deux. Ça a été dur. Ils avaient dû arracher des arbres pour se défendre. Mais ça ne sert à rien quand on a affaire à quelqu'un qui en tue sept, comme moi, d'un seul coup.

— N'êtes-vous pas blessé ? demandèrent les cavaliers.

— Ils ne m'ont même pas défrisé un cheveu », répondit le tailleur.

Les cavaliers ne voulurent pas le croire sur parole et ils entrèrent dans le bois. Ils y trouvèrent les géants nageant dans leur sang et, tout autour, il y avait des arbres arrachés.

Le petit tailleur réclama le salaire promis par le roi. Mais celui-ci se déroba et chercha comment il pourrait se débarrasser du héros.

« Avant que tu n'obtiennes ma fille et la moitié du royaume, lui dit-il, il faut encore que tu accomplisses un exploit. Dans la forêt il y a une licorne qui cause de gros ravages. Il faut que tu l'attrapes.

— J'ai encore moins peur d'une licorne que de deux géants. Sept d'un coup, voilà ma devise », répondit le petit tailleur.

Il prit une corde et une hache, partit dans la forêt et ordonna une fois de plus à ceux qu'on avait mis sous ses ordres de rester à la lisière. Il n'eut pas à attendre longtemps. La licorne arriva bientôt, fonça sur lui comme si elle avait voulu l'embrocher sans plus attendre.

« Tout doux ! tout doux ! dit-il. Ça n'ira pas si vite que ça. » Il attendit que l'animal soit tout proche. Alors, il bondit brusquement derrière un arbre. La licorne courut à toute vitesse contre l'arbre et enfonça sa corne si profondément dans le tronc qu'elle fut incapable de l'en retirer. Elle était prise ! « Je tiens le petit oiseau », dit le tailleur. Il sortit de derrière l'arbre, passa la corde au cou de la licorne, dégagea la corne du tronc à coups de hache et, quand tout fut fait, emmena la bête au roi.

Le roi ne voulut pas lui payer le salaire promis et posa une troisième condition. Avant le mariage, le tailleur devait capturer un sanglier qui causait de grands ravages dans la forêt. Les chasseurs l'aideraient. « Volontiers, dit le tailleur, c'est un jeu d'enfant. » Il n'emmena pas les chasseurs avec lui, ce dont ils furent bien contents, car le sanglier les avait maintes fois reçus de telle façon qu'ils n'avaient aucune envie de l'affronter.

Lorsque le sanglier vit le tailleur, il marcha sur lui l'écume aux lèvres, les défenses menaçantes, et voulut le jeter à terre. Mais l'agile héros bondit dans une chapelle qui se trouvait dans le voisinage et d'un saut en ressortit aussitôt par une fenêtre. Le sanglier l'avait suivi. Le tailleur revint derrière lui et poussa la porte. La bête furieuse était captive. Il lui était bien trop difficile et incommode de sauter par une fenêtre.

Le petit tailleur appela les chasseurs. Ils virent le prisonnier de leurs propres yeux. Le héros cependant se rendit chez le roi qui dut tenir sa promesse, bon gré mal gré ! Il lui donna sa fille et la moitié de son royaume. S'il avait su qu'il avait devant lui, non un foudre de guerre, mais un petit tailleur, l'affaire lui serait restée encore bien plus sur le cœur. La noce se déroula donc

avec grand éclat, mais avec peu de joie, et le tailleur devint roi.

Au bout de quelque temps, la jeune reine entendit une nuit son mari qui rêvait. « Garçon, disait-il, fais-moi un pourpoint et raccommode mon pantalon, sinon je te casserai l'aune sur les oreilles ! » Elle comprit alors dans quelle ruelle était né le jeune roi et, au matin, elle dit son chagrin à son père et lui demanda de la protéger contre cet homme qui n'était rien d'autre qu'un tailleur. Le roi la consola et lui dit : « La nuit prochaine, laisse ouverte ta chambre à coucher. Quand il sera endormi, mes serviteurs qui se trouveront dehors entreront, le ligoteront et le porteront sur un bateau qui l'emmènera dans le vaste monde. » Cela plut à la fille.

Mais l'écuyer du roi, qui avait tout entendu, était dévoué au jeune seigneur et il alla lui conter toute l'affaire. « Je vais leur couper l'herbe sous les pieds », dit le petit tailleur. Le soir, il se coucha avec sa femme à l'heure habituelle. Quand elle le crut endormi, elle se leva, ouvrit la porte et se recoucha. Le petit tailleur, qui faisait semblant de dormir, se mit à crier très fort :

« Garçon, fais-moi un pourpoint et raccommode mon pantalon, sinon je te casse l'aune sur les oreilles, j'en ai abattu sept d'un coup, j'ai tué deux géants, capturé une licorne et pris un sanglier et je devrais avoir peur de ceux qui se trouvent dehors, devant la chambre ? »

Lorsque ceux-ci entendirent ces paroles, ils furent saisis d'une grande peur. Ils s'enfuirent comme s'ils avaient eu le diable aux trousses et personne ne voulut plus se mesurer à lui. Et c'est ainsi que le petit tailleur resta roi, le reste de sa vie durant.

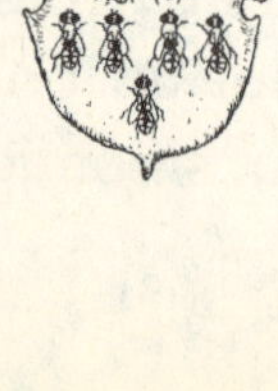

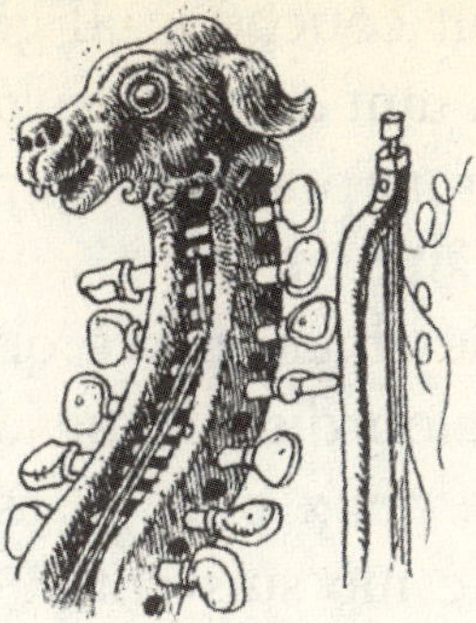

Les musiciens de Brême

Un meunier possédait un âne qui, durant de longues années, avait inlassablement porté des sacs au moulin, mais dont les forces commençaient à décliner. Il ne pouvait presque plus travailler. Son maître songea à s'en débarrasser. L'âne se rendit compte qu'un vent défavorable commençait à souffler pour lui et il s'enfuit. Il prit la route de Brême. Il pensait qu'il pourrait y devenir musicien au service de la ville.

Sur son chemin, il rencontra un chien de

chasse qui s'était couché là. Il gémissait comme quelqu'un qui a tant couru que la mort le guette.

« Alors, Taïaut, pourquoi jappes-tu comme ça ? demanda l'âne.

— Ah ! dit le chien, parce que je suis vieux, parce que je m'alourdis chaque jour un peu plus, parce que je ne peux plus chasser, mon maître veut me tuer. Je me suis enfui. Mais comment gagner mon pain maintenant ?

— Sais-tu, dit l'âne, je vais à Brême pour y devenir musicien ; viens avec moi et fais-toi engager dans l'orchestre municipal. Je jouerai du luth et toi de la timbale. »

Le chien accepta avec joie et ils repartirent de compagnie. Bientôt, ils virent un chat sur la route, qui était triste... comme trois jours de pluie.

« Eh bien, qu'est-ce qui va de travers, vieux Raminagrobis ? demanda l'âne.

— Comment être joyeux quand il y va de sa vie ? répondit le chat. Parce que je deviens vieux, que mes dents s'usent et que je me tiens plus souvent à rêver derrière le poêle qu'à courir après les souris, ma maîtresse a voulu me noyer. J'ai bien réussi à me sauver, mais je ne sais que faire. Où aller ?

— Viens à Brême avec nous. Tu connais la musique, tu deviendras musicien. »

Le chat accepta et les accompagna. Les trois fugitifs arrivèrent à une ferme. Le coq de la maison était perché en haut du portail et criait de toutes ses forces.

« Tu cries à nous casser les oreilles, dit l'âne. Que t'arrive-t-il donc ?

— J'ai annoncé le beau temps, répondit le coq, parce que c'est le jour où la Sainte Vierge lave la chemise de l'Enfant Jésus et va la faire sécher. Mais, comme pour demain dimanche il doit venir des invités, la fermière a été sans pitié. Elle a dit à la cuisinière qu'elle voulait me manger demain et c'est ce soir qu'on doit me couper le cou. Alors, je crie à plein gosier pendant que je puis le faire encore.

— Eh ! quoi, Chanteclair, dit l'âne, viens avec nous. Nous allons à Brême ; tu trouveras n'importe où quelque chose de mieux que la mort. Tu as une bonne voix et si nous faisions de la musique ensemble, ce serait magnifique. »

Le coq accepta ce conseil et tous quatre se remirent en chemin.

Mais il ne leur était pas possible d'atteindre la ville de Brême en une seule journée. Le soir, ils arrivèrent près d'une forêt où ils se décidèrent à passer la nuit. L'âne et le chien se couchèrent au pied d'un gros arbre, le chat et le coq s'installèrent dans les branches. Le coq monta jusqu'à la cime. Il pensait s'y trouver en sécurité.

Avant de s'endormir, il jeta un coup d'œil aux quatre coins de l'horizon. Il vit briller une petite lumière dans le lointain. Il appela ses compagnons et leur dit qu'il devait se trouver quelque maison par là, on y voyait de la lumière. L'âne dit : « Levons-nous et allons-y ; ici, le gîte et la table ne valent rien. » Le chien songea que quelques os avec de la viande autour lui feraient du bien.

Ils se mirent donc en route en direction de la lumière et la virent grandir au fur et à mesure qu'ils avançaient. Finalement, ils arrivèrent devant une maison brillamment éclairée, qui était le repaire d'une bande de voleurs.

L'âne, qui était le plus grand, s'approcha de la fenêtre et regarda à l'intérieur.

« Que vois-tu, Grison ? demanda le coq.

— Ce que je vois ? répondit l'âne : une table servie avec mets et boissons de bonne allure. Des voleurs y sont assis et sont en train de se régaler.

— Voilà ce qu'il nous faudrait, repartit le coq.

— Eh ! oui, dit l'âne, si seulement nous y étions ! »

Les quatre compagnons délibérèrent pour savoir comment ils s'y prendraient pour chasser les voleurs. Finalement, ils découvrirent le moyen : l'âne appuierait ses pattes de devant sur le bord de la fenêtre, le chien sauterait sur son dos et le chat par-dessus. Le coq se percherait sur la tête du chat.

Quand ils se furent ainsi installés, à un signal donné, ils commencèrent leur musique. L'âne brayait, le chien aboyait, le chat miaulait et le coq chantait. Sur quoi, ils bondirent par la fenêtre en faisant trembler les vitres. À ce concert inhabituel, les voleurs avaient sursauté. Ils crurent qu'un fantôme entrait dans la pièce et, pris de panique, ils s'enfuirent dans la forêt.

Nos quatre compagnons se mirent à table, se servirent de ce qui restait et mangèrent comme s'ils allaient connaître un mois de famine. Quand les quatre musiciens eurent terminé, ils éteignirent la lumière et chacun se choisit un endroit à sa convenance et du meilleur confort pour dormir. L'âne se coucha sur le fumier, le chien derrière la porte, le chat près du poêle et le coq se

percha au poulailler. Et comme ils étaient fatigués de leur long trajet, ils s'endormirent aussitôt.

Quand minuit fut passé, les voleurs virent de loin que la lumière avait été éteinte dans la maison et que tout y paraissait tranquille. Leur capitaine dit : « Nous n'aurions pas dû nous laisser mettre à la porte comme ça. » Il ordonna à l'un de ses hommes d'aller inspecter la maison.

L'éclaireur vit que tout était silencieux ; il entra à la cuisine pour allumer une lumière. Voyant les yeux du chat brillant comme des braises, il en approcha une allumette et voulut l'enflammer. Le chat ne comprit pas la plaisanterie et, crachant et griffant, lui sauta au visage. L'homme fut saisi de terreur. Il se sauva et voulut sortir par la porte de derrière. Le chien, qui était allongé là, bondit et lui mordit les jambes. Et quand le voleur se mit à courir à travers la cour, passant par-dessus le tas de fumier, l'âne lui expédia un magistral coup de sabot. Le coq, que ce vacarme avait réveillé et mis en alerte, cria du haut de son perchoir : « Cocorico ! »

Le voleur s'enfuit aussi vite qu'il le pouvait vers ses camarades, et dit au capitaine : « Il y a dans la maison une affreuse sorcière qui a soufflé sur moi et m'a griffé le visage de ses longs doigts. Devant la porte, il y avait un homme avec un couteau : il m'a blessé aux jambes. Dans la cour, il y a un monstre noir : il m'a frappé avec une massue de bois. Et sur le toit, il y avait un juge de paix qui criait : “Qu'on m'amène le coquin !” J'ai fait ce que j'ai pu pour m'enfuir. »

À partir de ce moment-là, les voleurs n'osèrent plus retourner à la maison. Quant aux quatre musiciens de Brême, ils s'y plurent tant qu'ils y restèrent. Le dernier qui me l'a raconté en rit encore.

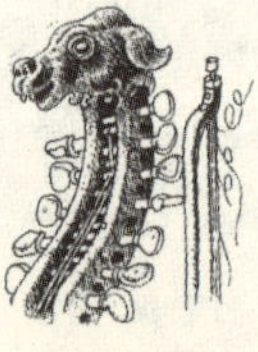

Tom Pouce

Il était une fois un pauvre paysan. Un soir qu'il était assis près de l'âtre et tisonnait le feu pendant que sa femme filait, il dit :

« Qu'il est triste que nous n'ayons pas d'enfant. Chez nous, tout est silencieux ; chez les autres il y a du bruit et l'on est joyeux.

— Oui, répondit sa femme en murmurant : même s'il n'y en avait qu'un, même s'il était tout petit, grand comme un pouce, je serais bien contente. Nous l'aimerions quand même de tout notre cœur. »

Il arriva alors que la femme tomba malade. Au bout de sept mois, un enfant naquit, fort bien conformé, mais pas plus grand que le pouce. Alors, les parents dirent : « Il est comme nous l'avions souhaité ; il faut que nous l'aimions. » Ils le nommèrent Tom Pouce. Ils ne le laissèrent jamais manquer de nourriture ; pourtant l'enfant ne grandissait pas. Il restait comme aux premières heures de sa naissance. Mais ses yeux étaient intelligents et il apparut bientôt comme très éveillé et très agile ; tout lui réussissait.

Un jour, le paysan s'apprêta pour aller à la forêt couper du bois et il se disait : « Je voudrais bien que quelqu'un m'y amène la charrette. »

« Oh ! père ! cria Tom Pouce, je vous amènerai la charrette, remettez-vous-en à moi : elle sera dans la forêt à l'heure voulue. »

Alors l'homme se mit à rire et dit :

« Comment cela se pourrait-il ? Tu es bien trop petit pour tenir les rênes du cheval.

— Ça ne fait rien, père, pourvu que maman l'attelle. Je me placerai dans l'oreille du cheval et je lui dirai où il doit aller.

— Bon ! dit le père. Essayons ! »

Lorsque le moment fut venu, la mère attela et plaça Tom Pouce dans l'oreille du cheval et il lui indiqua le chemin à suivre. « Hue, oh ! Dia ! » On eût dit un vrai charretier et la voiture prit le bon chemin, vers la forêt.

Juste au moment où elle arrivait à un tournant et comme le petit criait « Dia ! », deux étrangers s'approchèrent. « Ça alors ! dit l'un, qu'est-ce que cela ? Voilà une voiture, on entend le charretier, mais on ne le voit pas.

— Ce n'est pas normal, dit le second. Nous allons suivre la charrette et voir où elle s'arrêtera. »

La voiture, cependant, allait son chemin, tout droit vers le lieu où l'on abattait le bois. Lorsque Tom Pouce aperçut son père, il lui cria : « Tu vois, père, me voilà avec la charrette. Fais-moi descendre. » Le père retint le cheval de la main gauche et, de la droite, il sortit son petit garçon de l'oreille. Celui-ci alla s'asseoir sur un brin de paille, tout joyeux.

Lorsque les deux étrangers virent Tom Pouce, ils restèrent muets d'étonnement. L'un d'eux prit l'autre à l'écart et lui dit : « Écoute voir : ce petit pourrait faire notre bonheur si nous le montrions pour de l'argent dans une grande ville. Il n'y a qu'à l'acheter. »

Ils s'approchèrent du père et lui dirent :

« Vendez-nous le petit homme. Avec nous, il sera bien.

— Non, répondit le père. Je l'aime et pour tout l'or du monde il ne serait pas à vendre. »

Tom Pouce, qui avait entendu, grimpa sur son épaule et lui murmura à l'oreille : « Père, vends-moi donc. Je m'arrangerai bien pour revenir. » Alors le père le vendit aux deux hommes pour une belle pièce d'argent.

« Où veux-tu t'asseoir ? lui demandèrent-ils.

— Bah ! mettez-moi sur le bord de votre chapeau. Je pourrai m'y promener tout en regardant le paysage et je ne tomberai pas. »

Ils firent selon sa volonté et lorsque Tom Pouce eut pris congé de son père, ils partirent en l'emmenant.

Ils marchèrent jusqu'au crépuscule. Alors Tom Pouce dit :

« Faites-moi descendre ; j'ai un besoin.

— Reste là-haut, dit l'homme sur le chapeau duquel il se trouvait. Ça ne me fera rien ; il arrive bien que les oiseaux aussi me laissent tomber quelque chose dessus.

— Non, dit Tom Pouce, je sais de quoi il s'agit, faites-moi vite descendre. »

L'homme enleva son chapeau et posa Tom Pouce dans un champ au bord de la route.

Alors celui-ci sauta et gambada un moment au milieu des mottes de terre ; puis il s'enfila tout à coup dans un trou de souris qu'il avait découvert.

« Bien le bonsoir, messieurs, rentrez chez vous sans moi ! » leur cria-t-il en riant.

Ils s'approchèrent du trou, y plongèrent un bâton, mais en vain ! Tom Pouce allait toujours plus loin et, comme il allait bientôt faire complètement nuit, pleins de dépit, les deux hommes durent rentrer chez eux les mains vides.

Lorsque Tom Pouce s'aperçut qu'ils étaient partis, il sortit de son trou. « C'est bien dangereux de marcher la nuit dans un champ, se dit-il, on se rompt facilement le cou et les jambes ! » Par chance, il se heurta à une coquille d'escargot vide. « Grâce à Dieu ! dit-il, voilà un abri sûr pour passer la nuit. » Et il s'y installa.

Comme il allait s'endormir, il entendit deux hommes qui passaient. L'un disait :

« Comment allons-nous nous y prendre pour voler au riche curé son or et son argent ?

— Moi je pourrais te le dire, s'écria Tom Pouce.

— Qu'est-ce que c'est ? demanda l'un des voleurs effrayé. J'ai entendu parler quelqu'un. »

Ils restèrent immobiles et écoutèrent. Alors Tom Pouce dit à nouveau :

« Emmenez-moi et je vous aiderai.

— Où es-tu donc ?

— Cherchez par terre et repérez d'où vient la voix », répondit-il.

Finalement, les voleurs le découvrirent et ils le soulevèrent.

« Petit avorton, comment veux-tu nous aider ? lui dirent-ils.

— Eh bien ! répondit-il, je me glisserai dans la chambre du curé, à travers les barreaux de fer et je vous passerai tout ce que vous voudrez.

— D'accord, dirent-ils. On va voir ce dont tu es capable. »

Lorsqu'ils arrivèrent au presbytère, Tom Pouce s'introduisit dans la chambre et cria aussitôt de toutes ses forces : « Voulez-vous avoir tout ce qui se trouve ici ? » Les voleurs eurent peur et dirent : « Parle donc plus bas, tu vas éveiller quelqu'un. » Mais Tom Pouce fit comme s'il n'avait pas compris et cria à nouveau : « Que voulez-vous ? Voulez-vous avoir tout ce qui se trouve ici ? »

La cuisinière, qui couchait à côté, entendit, se dressa sur son lit pour écouter. Par peur, les voleurs s'étaient un peu éloignés. Finalement, ils reprirent courage et songèrent : « Le petit bonhomme veut se moquer de nous. ». Ils revinrent et lui murmurèrent : « Sois sérieux et passe-nous quelque chose. »

Alors Tom Pouce cria de nouveau aussi fort qu'il put : « Je vais tout vous donner. Tendez la main à l'intérieur. » La bonne, qui était aux écoutes, l'entendit très clairement. Elle bondit hors du lit et poussa la porte. Les voleurs s'enfuirent et coururent comme s'ils avaient le diable aux trousses. La bonne, qui ne voyait rien, alla chercher de la lumière. Lorsqu'elle revint, Tom Pouce, sans qu'elle l'eût aperçu, se faufila dans la grange. La bonne chercha dans tous les coins et, ne trouvant rien, elle regagna son lit, pensant qu'elle avait rêvé les yeux ouverts.

Pendant ce temps, Tom Pouce était monté dans une auge à foin et avait trouvé une bonne place pour dormir. Il voulait s'y reposer jusqu'au jour et revenir ensuite chez ses parents. Mais il allait connaître d'autres aventures ! Oui, il y a beaucoup d'affliction et de misère de par le monde !

À la pointe du jour, la bonne se leva pour venir nourrir les bêtes. Elle alla d'abord dans la grange où elle prit une brassée de foin. Juste là où se trouvait Tom Pouce ! Il dormait si fort qu'il ne s'aperçut de rien et ne s'éveilla qu'au moment où il se trouva dans la gueule d'une vache qui l'avalait avec son foin.

« Mon Dieu, s'écria-t-il, comment suis-je arrivé entre les meules d'un moulin ! » Mais il comprit bientôt où il se trouvait. Il s'agissait de faire attention à ne pas être écrasé entre les dents. Ensuite, il lui fallut glisser jusque dans l'estomac.

« On a oublié les fenêtres dans cette chambre ! dit-il, et le soleil n'y pénètre pas. Il n'y apporte pas de lumière ! »

De toute façon, l'appartement ne lui plaisait pas. Et voici le plus grave : il entrait de plus en plus de foin par l'orifice et la place commençait à manquer. Finalement, saisi de peur, il cria aussi fort qu'il put : « Ne me donne plus de foin, ne me donne plus de foin ! »

La bonne était justement en train de traire la vache. Quand elle entendit parler sans voir personne, quand elle reconnut la voix qu'elle avait ouïe pendant la nuit, elle eut si peur qu'elle glissa de son tabouret et répandit tout le lait. En toute hâte, elle se rendit chez son patron en criant :

« Seigneur ! monsieur le curé, la vache a parlé !

— Tu es folle », répondit le curé.

Mais il alla quand même à l'étable pour voir ce qui se passait. À peine y avait-il posé le pied que Tom Pouce cria à nouveau : « Ne me donne plus de foin, ne me donne plus de foin ! » Alors le curé lui-même eut peur, crut qu'un mauvais esprit s'était introduit dans la vache et la fit tuer. On la dépeça, mais l'estomac, dans lequel se trouvait Tom Pouce, fut jeté au fumier.

Il eut grand mal à s'en tirer et, au moment où il en sortait la tête, il lui arriva un nouveau malheur. Un loup affamé qui passait par là avala l'estomac tout entier d'un seul coup. Tom Pouce ne perdit pas courage pour cela. « Peut-être, pensa-t-il, le loup voudra-t-il discuter avec moi ! » De l'intérieur, il lui cria :

« Cher loup, je sais où trouver des mets délicieux.

— Où ça ? demanda le loup.

— Il faut que tu entres dans une maison par le trou de l'évier et tu y trouveras des gâteaux, du lard et des saucisses autant que tu pourras en manger. »

Il lui décrivit avec précision la maison de son père.

Le loup ne se le fit pas dire deux fois, et se dépêcha pendant la nuit d'entrer par le trou de l'évier. Il mangea tout son soûl. Lorsqu'il fut rassasié, il voulut repartir. Mais il était devenu si gros qu'il ne pouvait plus ressortir par le chemin qu'il avait emprunté pour entrer. C'est bien ce qu'avait escompté Tom Pouce. Il se mit à faire dans le ventre du loup un bruit terrible, tempêtant et criant autant qu'il le pouvait.

« Veux-tu te taire, dit le loup. Tu vas réveiller les gens.

— Eh bien, quoi, répondit Tom Pouce, toi tu t'es régalé, moi aussi je veux être joyeux. »

Et de hurler de nouveau tant qu'il pouvait.

Finalement, son père et sa mère se réveillèrent. Ils s'approchèrent de la cuisine et regardèrent par un trou. Quand ils virent qu'un loup s'y était installé, ils s'enfuirent. L'homme chercha sa hache. La femme sa faux.

« Reste derrière, dit l'homme. S'il n'est pas encore mort quand je l'aurai frappé, taillade-le et ouvre-lui le ventre. »

Tom Pouce entendit la voix de son père et cria : « Cher père, je suis ici, dans le loup. » Et le père, tout heureux : « Grâce au Ciel ! Notre enfant nous a retrouvés ! »

Il demanda à sa femme de ne pas se servir de sa faux pour ne pas blesser Tom Pouce. Il assena sur la tête du loup un tel coup de hache que celui-ci tomba raide mort. Ils cherchèrent alors un couteau et des ciseaux, lui ouvrirent le ventre et en retirèrent leur petit.

« Ah ! dit le père, comme nous nous sommes fait du souci pour toi.

— Cher père, j'ai roulé ma bosse de par le monde, et enfin, grâce à Dieu, je peux de nouveau respirer l'air pur.

— Où donc as-tu été ?

— Ah ! père, je me suis trouvé dans un trou de souris, dans la panse d'une vache, dans le ventre d'un loup, maintenant, je reste auprès de vous.

— Et nous ne te revendrons plus pour toutes les richesses du monde », dirent les parents en embrassant leur cher Tom Pouce.

Ils lui donnèrent à manger et à boire et lui firent faire de nouveaux habits ; car les anciens avaient été bien abîmés au cours du voyage !

Bec de Grive

Un roi avait une fille, plus belle que nature, mais fière et orgueilleuse au point de ne trouver aucun prétendant assez bon pour elle. Elle les éconduisait les uns après les autres et, qui pis est, en se moquant d'eux.

Un jour, le roi fit donner une grande fête à laquelle il invita tous les hommes bons à marier des alentours et des pays lointains. On les fit mettre par rang de puissance : d'abord venaient les rois, puis les ducs, puis les princes, les comtes et les barons. En dernier lieu, les gentilshommes.

On conduisit la fille du roi devant eux, mais il n'y en avait aucun à qui elle ne fît quelque reproche.

L'un était trop gros pour elle. « Un tonneau ! » dit-elle. L'autre était trop grand. « Long et mince n'est pas bon prince ! » Le troisième trop petit : « Petit et gros, ce n'est pas beau. » Le quatrième trop pâle : « Comme la mort ! » Le cinquième trop rouge : « Comme un coq ! » Le sixième ne se tenait pas assez droit : « Du bois vert séché derrière le poêle ! » Et ainsi pour tous. Elle se moqua particulièrement d'un bon roi, qui se tenait dans les premiers, mais dont le menton était un peu recourbé. « Eh ! dit-elle en riant, son menton est comme un bec de grive ! » Et depuis ce temps-là, on l'appela Bec de Grive.

Le roi cependant, quand il vit que sa fille ne faisait rien d'autre que de se moquer et qu'elle dédaignait tous les prétendants assemblés là, se mit en colère et jura qu'il lui ferait épouser le premier mendiant sachant bien mendier qui se présenterait à sa porte.

Quelques jours plus tard, un baladin s'arrêta sous les fenêtres du château et se mit à chanter pour obtenir un peu d'argent. Quand le roi l'entendit, il dit : « Faites-le monter ! » Le baladin fit son entrée, vêtu de loques et de guenilles,

chanta devant le roi et sa fille et, quand il eut fini, demanda l'aumône. Le roi dit : « Ton chant m'a tant plu que je veux te donner ma fille pour épouse. »

La princesse s'épouvanta, mais le roi dit : « J'ai juré de la donner au premier mendiant venu. Je tiendrai parole. » Nulle protestation n'y fit. On manda un prêtre et le mariage fut célébré. Quand cela fut fait, le roi dit : « Il ne convient pas qu'une femme de mendiant reste plus longtemps dans mon château. Tu peux partir avec ton mari. »

Le mendiant la prit par la main et elle dut

l'accompagner à pied. Arrivant dans une grande forêt, elle demanda :

« À qui appartient ce joli bois ?

— À Bec de Grive, le grand roi. Si tu l'avais épousé, il serait à toi.

— Ah ! pauvre de moi ! Que n'ai-je épousé ce grand roi ! »

Ils arrivèrent dans une prairie et elle demanda à nouveau :

« À qui donc appartient cette verte prairie ?

— À Bec de Grive, le grand roi. Si tu l'avais épousé, elle serait à toi.

— Ah ! pauvre de moi ! Que n'ai-je épousé ce grand roi ! »

Puis ils passèrent par une grande ville, et elle demanda encore :

« À qui appartient cette grande ville ?

— À Bec de Grive, le grand roi. Si tu l'avais épousé, elle serait à toi !

— Ah ! pauvre de moi ! Que n'ai-je épousé ce grand roi !

— Il ne me plaît pas du tout, dit le baladin, que tu me préfères sans cesse un autre homme pour mari. Ne suis-je pas assez bon pour toi ? »

Finalement, ils arrivèrent à une toute petite maison. Elle dit :

« Ah ! Seigneur, que petite est cette maison !
À qui peut appartenir si misérable cabanon ?
— C'est la maison dans laquelle nous habiterons ensemble », répondit le baladin.

Elle dut se courber pour passer sous la porte basse.

« Où sont les serviteurs ? demanda-t-elle.

— Quels serviteurs ? répondit le mendiant. Il te faudra faire toi-même ce que tu voudras qui soit fait. Allume du feu et va chercher de l'eau pour me préparer mon repas ; je suis très fatigué. »

Mais la princesse ne savait ni allumer le feu ni faire la cuisine. Et le mendiant dut mettre lui-même la main à la pâte. Quand ils eurent mangé le maigre repas, ils se mirent au lit. Le matin, il l'en sortit de bonne heure pour qu'elle se mît au ménage. Ils vécurent ainsi quelques jours. jusqu'à épuisement de leurs provisions.

L'homme dit alors : « Femme, cela ne peut durer comme ça, à manger et à ne rien gagner. Il va te falloir tresser des paniers. »

Il sortit, coupa des joncs et les lui apporta. Elle se mit à tresser des paniers, mais les joncs rugueux blessaient ses mains délicates. « Je vois que ça ne va pas ! dit l'homme. File le lin, peut-être t'en tireras-tu mieux ! » Elle se mit à filer, mais le fil rêche abîma bientôt ses doigts tendres qui se couvrirent de sang. « Tu vois ! dit l'homme, tu ne sais rien faire. Avec toi, je suis mal tombé ! Je vais essayer d'ouvrir un commerce de pots et de casseroles. Tu iras au marché et tu vendras la marchandise. »

« Ah ! songea-t-elle, s'il vient au marché des gens du royaume de mon père qui me voient assise là en train de vendre, comme ils se moqueront de moi ! » Mais cela ne servait à rien. Il fallait qu'elle en passât par là si elle ne voulait pas mourir de faim.

La première fois, tout alla bien. Les gens achetaient parce qu'ils trouvaient la femme jolie. Ils payaient ce qu'elle demandait. Il y en avait même qui donnaient leur argent et laissaient le pot par-dessus le marché. Ils vécurent de ce qu'elle avait gagné aussi longtemps que cela dura. Puis son mari se procura de nouveau une grande quantité de pièces de vaisselle. Elle s'installa dans un coin du marché, étala sa marchandise autour d'elle et l'offrit aux chalands. Tout à coup, un hussard ivre galopa à travers sa vaisselle, brisant tout en mille morceaux. Elle se mit à pleurer, et, tant elle avait peur, elle ne sut plus que faire.

« Que va-t-il m'arriver ! s'écria-t-elle. Que va dire mon mari ! » Elle rentra chez elle et lui raconta son malheur. « Quelle idée aussi, dit-il, de s'installer à un endroit aussi exposé du marché, avec de la vaisselle ! Arrête de pleurer ; je vois bien que l'on ne peut t'utiliser à aucun travail normal. Je suis allé au château de notre roi et j'ai demandé si on n'y avait pas besoin d'une servante de cuisine. Ils m'ont promis de t'embaucher. En échange, tu seras nourrie. »

La fille du roi devint donc servante à la cuisine où on lui confia les besognes les plus basses. Elle mettait dans les poches de son tablier deux petits pots dans lesquels elle rapportait à la maison ce qu'on lui donnait des restes. C'est de cela qu'ils se nourrissaient.

Il arriva que les noces de l'aîné des fils du roi allaient être célébrées. La pauvre femme s'approcha de la porte de la grande salle pour voir la fête. Quand les lumières furent allumées et que les invités arrivèrent, tous plus beaux les uns que les autres, quand tout fut plein de magnificence et de merveilles, elle songea, le cœur lourd, à son destin et maudit la vanité et l'orgueil qui l'avaient fait tomber si bas et rendue si miséreuse. De temps à autre, des serviteurs lui lançaient quelques miettes des mets coûteux qu'ils portaient ou remportaient et dont le parfum montait vers elle.

Tout à coup, un roi entra dans la salle. Il était vêtu de velours et de soie et portait une chaîne d'or autour du cou. Quand il vit cette belle femme près de la porte, il la prit par la main et voulut danser avec elle. Mais elle refusa et fut saisie de crainte en voyant qu'il s'agissait du roi Bec de Grive qui avait demandé sa main et dont elle s'était moquée.

Sa résistance ne lui servit à rien. Il l'entraîna dans la salle. Sa ceinture, qui portait les deux poches dans lesquelles se trouvaient les petits pots, se rompit et la soupe et les autres restes se répandirent de toutes parts. Quand les gens virent cela, ce fut un immense éclat de rire et mille moqueries. Elle était si honteuse qu'elle se fût voulue à cent pieds sous terre. Elle courut vers la porte pour fuir. Mais un homme la rattrapa dans l'escalier et la ramena dans la salle.

Quand elle le regarda, elle vit que c'était bel et bien le roi Bec de Grive. Il lui dit avec gentillesse : « Ne crains rien ! Le baladin qui a vécu avec toi dans la misérable maison et moi, nous ne sommes qu'un. C'est par amour de toi que je me suis déguisé. Et le hussard qui a brisé ta vaisselle c'était moi aussi. Tout cela est arrivé pour plier ton esprit orgueilleux et pour te punir de la méchanceté avec laquelle tu t'es moquée de moi. »

Elle pleura des larmes amères et dit : « J'ai fait beaucoup de mal et je ne suis pas digne de devenir ta femme. » Mais il lui répondit : « Console-toi ! les mauvais jours sont passés. Nous allons célébrer nos noces. »

Des caméristes arrivèrent avec des robes merveilleuses. Et son père vint, et toute la cour lui souhaita mille bonheurs pour son mariage avec le roi Bec de Grive. Et c'est seulement alors que la vraie fête commença. J'aurais bien voulu que nous n'y soyons que toi et moi !

Blanche-Neige

En plein hiver, tandis que les flocons de neige tombaient du ciel comme un duvet léger, une reine était assise à sa fenêtre encadrée de bois d'ébène et cousait. Tout en tirant l'aiguille, elle regardait voler les blancs flocons. Elle se piqua au doigt et trois gouttes de sang tombèrent sur la neige. Ce rouge sur ce blanc faisait si bel effet qu'elle se dit : « Si seulement j'avais un enfant aussi blanc que la neige, aussi rose que le sang, aussi noir que le bois de ma fenêtre ! » Peu de temps après, une fille lui naquit ; elle était blanche comme neige, rose comme sang et ses cheveux étaient noirs comme de l'ébène. On l'appela Blanche-Neige. Mais la reine mourut en lui donnant le jour.

Au bout d'une année, le roi épousa une autre femme. Elle était très belle ; mais elle était fière et vaniteuse et ne pouvait souffrir que quelqu'un la surpassât en beauté. Elle possédait un miroir magique. Quand elle s'y regardait en disant :

> « Miroir, miroir joli,
> Qui est la plus belle du pays ? »

le miroir répondait :

> « Madame la reine, vous êtes la plus belle du pays. »

Et elle était contente. Elle savait que le miroir disait la vérité. Blanche-Neige, cependant, grandissait et devenait de plus en plus belle. Quand elle eut atteint ses dix-sept ans elle était déjà plus jolie que le jour et plus belle que la reine elle-même. Un jour que celle-ci demandait au miroir :

> « Miroir, miroir joli,
> Qui est la plus belle du pays ? »

celui-ci répondit :

« Madame la reine, vous êtes la plus belle ici. Mais Blanche-Neige est encore mille fois plus belle. »

La reine en fut épouvantée. Elle devint jaune et verte de jalousie. À partir de là, chaque fois qu'elle apercevait Blanche-Neige, son cœur se retournait dans sa poitrine tant elle éprouvait de haine à son égard. La jalousie et l'orgueil croissaient en elle comme mauvaise herbe. Elle en avait perdu le repos, le jour et la nuit. Elle fit venir un chasseur et lui dit : « Emmène l'enfant dans la forêt ! Je ne veux plus la voir. Tue-la et rapporte-moi pour preuve de sa mort ses poumons et son foie. »

Le chasseur obéit et conduisit Blanche-Neige dans le bois. Mais quand il eut dégainé son poignard pour en percer son cœur innocent, elle se mit à pleurer et dit : « Ô cher chasseur, laisse-moi la vie ! Je m'enfoncerai au plus profond de la forêt et ne rentrerai jamais à la maison. » Et parce qu'elle était belle, le chasseur eut pitié d'elle et dit : « Sauve-toi, pauvre enfant ! »

« Les bêtes de la forêt auront tôt fait de te

dévorer ! » songeait-il. Et malgré tout, il se sentait soulagé de ne pas avoir dû la tuer. Un marcassin passait justement. Il le tua de son poignard, prit ses poumons et son foie et les apporta à la reine comme preuves de la mort de Blanche-Neige. Le cuisinier reçut ordre de les apprêter et la méchante femme les mangea, s'imaginant qu'ils avaient appartenu à Blanche-Neige.

La pauvre petite, elle, était au milieu des bois, toute seule. Sa peur était si grande qu'elle regardait chaque feuille de la forêt sans savoir ce qu'elle allait devenir. Elle se mit à courir sur les cailloux pointus et à travers les épines. Les bêtes sauvages bondissaient autour d'elle, mais ne lui faisaient aucun mal. Elle courut jusqu'au soir, aussi longtemps que ses jambes purent la porter.

Elle aperçut alors une petite maisonnette et y pénétra pour s'y reposer. Dans la maisonnette, tout était minuscule, gracieux et propre. On y voyait une petite table couverte d'une nappe blanche, avec sept petites assiettes et sept petites cuillères, sept petites fourchettes et sept petits couteaux, et aussi sept petits gobelets. Contre le mur, il y avait sept petits lits alignés les uns à côté des autres et recouverts de draps tout blancs.

Blanche-Neige avait si faim et si soif qu'elle

prit dans chaque assiette un peu de légumes et de pain et but une goutte de vin dans chaque gobelet : car elle ne voulait pas manger la portion tout entière de l'un des convives. Fatiguée, elle voulut ensuite se coucher. Mais aucun des lits ne lui convenait : l'un était trop long, l'autre trop court. Elle les essaya tous. Le septième, enfin, fut à sa taille. Elle s'y allongea se confia à Dieu et s'endormit.

Quand la nuit fut complètement tombée, les propriétaires de la maisonnette arrivèrent. C'étaient sept nains qui, dans la montagne, travaillaient à la mine. Ils allumèrent leurs sept petites lampes et quand la lumière illumina la pièce, ils virent que quelqu'un y était venu, car tout n'était plus tel qu'ils l'avaient laissé.

Le premier dit : « Qui s'est assis sur ma petite chaise ? »

Le deuxième : « Qui a mangé dans ma petite assiette ? »

Le troisième : « Qui a pris de mon pain ? »

Le quatrième : « Qui a mangé de mes légumes ? »

Le cinquième : « Qui s'est servi de ma fourchette ? »

Le sixième : « Qui a coupé avec mon couteau ? »

Le septième : « Qui a bu dans mon gobelet ? »

Le premier, en se retournant, vit que son lit avait été dérangé. « Qui a touché à mon lit ? » dit-il. Les autres s'approchèrent en courant et chacun s'écria : « Dans le mien aussi quelqu'un s'est couché ! » Mais le septième, quand il regarda son lit, y vit Blanche-Neige endormie. Il appela les autres, qui vinrent bien vite et poussèrent des cris étonnés. Ils prirent leurs sept

petites lampes et éclairèrent le visage de Blanche-Neige.

« Seigneur Dieu ! Seigneur Dieu ! s'écrièrent-ils ; que cette enfant est jolie ! » Ils en eurent tant de joie qu'ils ne l'éveillèrent pas et la laissèrent dormir dans le petit lit. Le septième des nains coucha avec ses compagnons, une heure avec chacun, et la nuit passa ainsi.

Au matin, Blanche-Neige s'éveilla. Quand elle vit les sept nains, elle s'effraya. Mais ils la regardaient avec amitié et posaient déjà des questions :

« Comment t'appelles-tu ?

— Je m'appelle Blanche-Neige, répondit-elle.

— Comment es-tu venue jusque chez nous ? »

Elle leur raconta que sa belle-mère avait voulu la faire tuer, mais que le chasseur lui avait laissé la vie sauve et qu'elle avait ensuite couru tout le jour jusqu'à ce qu'elle trouvât cette petite maison. Les nains lui dirent :

« Si tu veux bien t'occuper de notre ménage, faire à manger, faire les lits, laver, coudre et tricoter, si tu tiens tout en ordre et en propreté, tu pourras rester avec nous et tu ne manqueras de rien.

— D'accord, d'accord de tout mon cœur », dit Blanche-Neige.

Et elle resta auprès d'eux.

Elle s'occupa de la maison. Le matin, les nains partaient pour la montagne où ils arrachaient le fer et l'or ; le soir ils s'en revenaient et il fallait que leur repas fût prêt. Toute la journée, la jeune fille restait seule ; les bons petits nains l'avaient mise en garde : « Méfie-toi de ta belle-mère ! Elle saura bientôt que tu es ici ; ne laisse entrer personne ! »

La reine, cependant, après avoir mangé les poumons et le foie de Blanche-Neige, s'imaginait qu'elle était redevenue la plus belle de toutes. Elle se mit devant son miroir et demanda :

« Miroir, miroir joli,
Qui est la plus belle du pays ? »

Le miroir répondit :

« Madame la reine, vous êtes la plus belle ici,
Mais par-delà les monts d'airain,
Auprès des gentils petits nains,
Blanche-Neige est mille fois plus belle. »

La reine en fut bouleversée ; elle savait que le miroir ne pouvait mentir. Elle comprit que le chasseur l'avait trompée et que Blanche-Neige était toujours en vie. Elle se creusa la tête pour trouver un nouveau moyen de la tuer ; car aussi longtemps qu'elle ne serait pas la plus belle au pays, elle savait que la jalousie ne lui laisserait aucun repos. Ayant finalement découvert un stratagème, elle se farda le visage et s'habilla comme une vieille marchande ambulante. Elle était méconnaissable.

Ainsi déguisée, elle franchit les sept montagnes derrière lesquelles vivaient les sept nains. Elle frappa à la porte et dit :

« J'ai du beau, du bon à vendre, à vendre ! »
Blanche-Neige regarda par la fenêtre et dit :

« Bonjour, bonne dame, qu'avez-vous à vendre ?

— De la belle, de la bonne marchandise, répondit-elle, des lacets de toutes les couleurs », et elle lui en montra un, tressé de soie multicolore.

« Je peux bien laisser entrer cette honnête femme ! » se dit Blanche-Neige. Elle déverrouilla la porte et acheta le joli lacet.

« Enfant ! dit la vieille. Comme tu t'y prends ! Viens, je vais te l'ajuster comme il faut ! »

Blanche-Neige était sans méfiance. Elle se laissa mettre le nouveau lacet. Mais la vieille serra rapidement et si fort que la jeune fille en perdit le souffle et tomba comme morte.

« Et maintenant, tu as fini d'être la plus belle », dit la vieille en s'enfuyant.

Le soir, peu de temps après, les sept nains rentrèrent à la maison. Quel effroi fut le leur lorsqu'ils virent leur chère Blanche-Neige étendue sur le sol, immobile et comme sans vie ! Ils la soulevèrent et virent que son corselet la serrait trop. Ils en coupèrent vite les lacets. La jeune fille commença à respirer doucement et, peu à peu, elle revint à elle.

Quand les nains apprirent ce qui s'était passé,

ils dirent : « La vieille marchande n'était autre que cette mécréante de reine. Garde-toi et ne laisse entrer personne quand nous ne serons pas là ! »

La méchante femme, elle, dès son retour au château, s'était assise devant son miroir et avait demandé :

« Miroir, miroir joli,
Qui est la plus belle du pays ? »

Une nouvelle fois, le miroir avait répondu :

« Madame la reine, vous êtes ici la plus belle.
Mais, par-delà les monts d'airain,
Dans la maison des sept nains,
Blanche-Neige est mille fois plus belle. »

Quand la reine entendit ces mots, elle en fut si bouleversée qu'elle sentit son cœur étouffer. Elle comprit que Blanche-Neige avait recouvré la vie. « Eh bien, dit-elle, je vais trouver quelque moyen qui te fera disparaître à tout jamais ! » Par un tour de sorcellerie qu'elle connaissait, elle empoisonna un peigne. Elle se déguisa à nouveau et prit l'aspect d'une autre vieille femme.

Elle franchit ainsi les sept montagnes en direction de la maison des sept nains, frappa à la porte et cria : « Bonne marchandise à vendre ! » Blanche-Neige regarda par la fenêtre et dit :

« Passez votre chemin ! Je n'ai le droit d'ouvrir à quiconque.

— Mais tu peux bien regarder, dit la vieille en lui montrant le peigne empoisonné. Je vais te peigner joliment. »

La pauvre Blanche-Neige ne se douta de rien et laissa faire la vieille ; à peine le peigne eut-il touché ses cheveux que le poison agit et que la jeune fille tomba sans connaissance. « Et voilà ! dit la méchante femme, c'en est fait de toi, prodige de beauté ! » Et elle s'en alla.

Par bonheur, le soir arriva vite et les sept nains rentrèrent à la maison. Quand ils virent Blanche-Neige étendue comme morte sur le sol, ils songèrent aussitôt à la marâtre, cherchèrent et trouvèrent le peigne empoisonné. Dès qu'ils l'eurent retiré de ses cheveux, Blanche-Neige revint à elle et elle leur raconta ce qui s'était passé. Ils lui demandèrent une fois de plus d'être sur ses gardes et de n'ouvrir à personne.

Rentrée chez elle, la reine s'était assise devant son miroir et avait demandé :

« Miroir, miroir joli,
Qui est la plus belle du pays ? »

Comme la fois précédente, le miroir répondit :

« Madame la reine, vous êtes ici la plus belle.
Mais, par-delà les monts d'airain,
Dans la maison des sept nains,
Blanche-Neige est mille fois plus belle. »

Quand la reine entendit cela, elle se mit à trembler de colère. « Il faut que Blanche-Neige meure ! s'écria-t-elle, dussé-je en périr moi-même ! » Elle se rendit dans une chambre sombre et isolée où personne n'allait jamais et y prépara une pomme empoisonnée. Extérieurement, elle semblait belle, blanche et rouge, si bien qu'elle faisait envie à quiconque la voyait ; mais il suffisait d'en manger un tout petit morceau pour mourir.

Quand tout fut prêt, la reine se farda le visage et se déguisa en paysanne. Ainsi transformée, elle franchit les sept montagnes pour aller chez les sept nains. Elle frappa à la porte. Blanche-Neige se pencha à la fenêtre et dit :

« Je n'ai le droit de laisser entrer quiconque ici ; les sept nains me l'ont interdit.

— D'accord ! répondit la paysanne. J'arriverai bien à vendre mes pommes ailleurs ; mais je vais t'en offrir une.

— Non, dit Blanche-Neige, je n'ai pas le droit d'accepter quoi que ce soit.

— Aurais-tu peur d'être empoisonnée ? demanda la vieille. Regarde : je partage la pomme en deux ; tu en mangeras la moitié qui est rouge, moi celle qui est blanche. »

La pomme avait été traitée avec tant d'art que seule la moitié rouge était empoisonnée. Blanche-Neige regarda le fruit avec envie et quand elle vit que la paysanne en mangeait, elle ne put résister plus longtemps. Elle tendit la main et prit la partie empoisonnée de la pomme. À peine y eut-elle mis les dents qu'elle tomba morte sur le sol.

La reine la regarda de ses yeux méchants, ricana et dit : « Blanche comme neige, rose comme sang, noir comme ébène ! Cette fois-ci, les nains ne pourront plus te réveiller ! » Et quand elle fut de retour chez elle, et demanda au miroir :

« Miroir, miroir joli,
Qui est la plus belle du pays ? »

celui-ci répondit enfin :

« Madame la reine, vous êtes la plus belle du pays. »

Et son cœur jaloux trouva le repos, pour autant qu'un cœur jaloux puisse le trouver.

Quand, au soir, les petits nains arrivèrent chez eux, ils trouvèrent Blanche-Neige étendue sur le sol, sans souffle. Ils la soulevèrent, cherchèrent s'il y avait quelque chose d'empoisonné, défirent son corselet, coiffèrent ses cheveux, la lavèrent avec de l'eau et du vin. Mais rien n'y fit : la chère enfant était morte et morte elle restait. Ils la placèrent sur une civière, s'assirent tous les sept autour d'elle et pleurèrent trois jours durant. Puis ils se préparèrent à l'enterrer.

Mais elle était restée fraîche comme un être vivant et ses jolies joues étaient roses comme auparavant. Ils dirent : « Nous ne pouvons la mettre dans la terre noire. » Ils fabriquèrent un cercueil de verre transparent où on pourrait la voir de tous les côtés, l'y installèrent et écrivirent dessus son nom en lettres d'or, en ajoutant qu'elle

était fille de roi. Ils portèrent le cercueil en haut de la montagne et l'un d'eux, sans cesse, monta la garde auprès de lui. Les animaux de la forêt venaient aussi et pleuraient Blanche-Neige, d'abord un hibou, puis un corbeau, enfin une colombe.

Longtemps Blanche-Neige resta ainsi dans son cercueil toujours aussi jolie : ayant l'air de dormir, blanche comme neige, rose comme sang, avec ses cheveux noirs comme de l'ébène. Il arriva qu'un jour un prince qui chevauchait par la forêt s'arrêta à la maison des nains pour y passer la nuit. Il vit le cercueil au sommet de la montagne, et la jolie Blanche-Neige, et lut ce qui était écrit en lettres d'or. Il dit aux nains : « Laissez-moi le cercueil ; je vous en donnerai ce que vous voudrez. » Mais les nains répondirent : « Nous ne vous le donnerons pas pour tout l'or du monde. » Il dit : « Alors donnez-le-moi pour rien ; car je ne pourrai plus vivre sans voir Blanche-Neige ; je veux lui rendre honneur et respect comme à ma bien-aimée. »

Quand ils entendirent ces mots, les bons petits nains furent saisis de compassion et ils lui donnèrent le cercueil. Le prince le fit emporter sur les épaules de ses serviteurs. Comme ils allaient ainsi, l'un d'eux buta sur une souche. La secousse fit glisser hors de la gorge de Blanche-Neige le morceau de pomme empoisonnée qu'elle avait mangé. Bientôt après, elle ouvrit les yeux, souleva le couvercle du cercueil et se leva.

Elle était de nouveau vivante !

« Seigneur, où suis-je ? demanda-t-elle.

— Auprès de moi », répondit le prince, plein d'allégresse.

Il lui raconta ce qui s'était passé, ajoutant : « Je t'aime plus que tout au monde : viens avec moi au château de mon père ; tu deviendras ma femme. » Blanche-Neige accepta. Elle l'accompagna et leurs noces furent célébrées avec magnificence et splendeur.

La méchante reine, belle-mère de Blanche-Neige, avait également été invitée au mariage. Après avoir revêtu ses plus beaux atours, elle prit place devant le miroir et demanda :

« Miroir, miroir joli,
Qui est la plus belle du pays ? »

Le miroir, répondit :

« Madame la reine, vous êtes ici la plus belle,

Mais la jeune souveraine est mille fois plus belle. »

La méchante femme proféra un affreux juron et elle eut si peur, si peur qu'elle en perdit la tête. Tout d'abord, elle décida qu'elle n'irait pas au mariage. Mais elle ne parvenait pas à se contenir. Il lui fallait y courir pour voir la jeune reine.

Elle y alla donc et, quand elle l'aperçut, elle reconnut Blanche-Neige. De crainte et de frayeur, elle en resta comme paralysée. Mais déjà des pantoufles de fer chauffaient sur des charbons ardents. On les prit avec des tenailles, on les plaça devant elle et elle dut y mettre ses pieds. Et elle dansa jusqu'à ce qu'elle tombât morte sur le sol.

Broumpristoche

Il était une fois un meunier qui était pauvre, mais dont la fille était jolie. Un jour qu'il avait à parler au roi, il lui dit pour se rendre intéressant : « J'ai une fille qui, lorsqu'elle file de la paille, la transforme en or. » Le roi dit au meunier : « Voilà un art qui me plaît ; si ta fille est aussi habile que tu le dis, amène-la demain au château ; je la mettrai à l'épreuve. »

Quand la jeune fille arriva, il la conduisit dans une chambre pleine de paille, lui donna un rouet et un dévidoir et dit : « Maintenant, mets-toi au travail. Si tu n'as pas transformé cette paille en or d'ici demain matin, tu mourras ! » Sur quoi il ferma lui-même la chambre et l'y laissa toute seule.

Voilà donc la pauvre fille du meunier qui se demande ce qu'elle va faire ; elle ne savait pas du tout comment s'y prendre pour changer la paille en or et sa peur grandissait ; elle fondit en larmes. Tout à coup, la porte s'ouvrit et un tout petit bout d'homme apparut, qui dit :

« Bonsoir, mademoiselle la meunière, pourquoi pleurez-vous tant ?

— Ah ! répondit la jeune fille, je dois filer cette paille pour en faire de l'or et je ne sais comment m'y prendre. »

Le petit homme dit :

« Que me donneras-tu, si je le fais à ta place ?

— Mon collier », répondit-elle.

Le lutin le prit, s'assit au rouet et déjà la bobine était pleine. Il en mit une seconde en place, et, en deux temps trois mouvements, elle se remplit également. Et ainsi de suite jusqu'au matin. Toute la paille était tressée et les bobines couvertes de fil d'or.

Au lever du soleil, le roi était déjà là. Quand il vit l'or, il s'étonna et se réjouit. Mais son cœur

était avide d'or. Il fit conduire la fille du meunier dans une autre chambre, bien plus grande encore que la première, et lui ordonna de tresser la paille qui s'y trouvait en l'espace d'une nuit, si elle tenait à la vie.

La jeune fille ne savait que faire. Elle pleurait. À nouveau, la porte s'ouvrit, le lutin apparut et dit :

« Que me donneras-tu si je change cette paille en or ?

— Ma bague », répondit-elle.

Le petit homme prit la bague et se remit à filer. Au matin, il avait transformé toute la paille en or étincelant.

Le roi se réjouit énormément en voyant cela, mais il n'était pas encore rassasié d'or. Il fit conduire la fille du meunier dans une chambre pleine de paille, plus grande encore que les autres, et dit : « Il te faut la filer pendant cette nuit ! Si tu y parviens, je t'épouserai. »

Il se disait : « Elle a beau n'être que la fille d'un meunier, je ne trouverai nulle part une femme aussi riche. »

Quand la jeune fille fut à nouveau seule, le lutin vint pour la troisième fois auprès d'elle et dit :

« Que me donneras-tu si je fais ton travail cette fois encore ?

— Je n'ai plus rien à te donner, répondit-elle.

— Alors promets-moi de me donner ton premier enfant quand tu seras reine. »

« Qui sait ce qui peut arriver ? » se dit la meunière, qui ne voyait pas comment se tirer d'embarras. Elle promit donc au lutin de faire ce qu'il demandait et le petit homme transforma une fois de plus la paille en or. Quand, au matin, le roi se présenta et qu'il trouva ce qu'il avait espéré, il épousa la jolie fille du meunier, qui devint reine.

Un an plus tard, elle mit au monde un bel

enfant. Elle ne pensait plus du tout au lutin. Il entra brusquement dans la chambre et dit : « Eh bien, donne-moi ce que tu m'avais promis ! » La reine eut bien peur et elle offrit au petit homme toutes les richesses du royaume en échange de son enfant. Mais le lutin dit : « Non, je préfère quelque chose de vivant à tous les trésors du monde. » La reine se mit à gémir et à pleurer si fort que le lutin eut pitié d'elle. « Je te laisse un délai de trois jours, dit-il ; si d'ici là tu peux me dire comment je m'appelle, tu pourras garder ton enfant. »

Toute la nuit durant, la reine se remémora les noms qu'elle avait entendus. Elle envoya un messager par le pays, qui devait se renseigner de toutes les manières sur tous les autres noms existants. Quand, le lendemain, le lutin vint auprès d'elle, elle commença son énumération par Gaspard, Melchior, Balthazar et dit tous les noms qu'elle connaissait, l'un après l'autre. Mais à chaque fois, le lutin disait : « Je ne m'appelle pas comme ça. »

Le second jour, elle fit demander aux voisins tous les noms qu'ils connaissaient et dit au lutin les plus inhabituels et les plus rares : « T'appelles-tu Côtes-en-long, Queue-de-mouton ou Jambe-de-bois ? » Mais il répondait toujours : « Je ne m'appelle pas ainsi. »

Le troisième jour, le messager revint et raconta : « Je n'ai pas pu trouver un seul nom nouveau. Mais comme j'étais arrivé au sommet d'une haute montagne, au coin d'un bois où un renard et un lièvre se disaient bonsoir, j'ai vu une petite maison ; devant la maison brûlait un feu et un tout petit homme très drôle sautillait sur une seule jambe en criant :

« Aujourd'hui des gâteaux, demain de la bière
Et après-demain le joli fils d'une reine !
Ah ! Ah ! quel bonheur que personne encore ne sache
Que Broumpristoche est mon nom ! »

Vous pouvez vous imaginer la joie de la reine quand elle entendit cela. Quand peu de temps après, le lutin arriva et demanda :

« Alors, madame la reine, quel est mon nom ? » elle répondit d'abord :

« T'appelles-tu Kunz ?

— Non !

— T'appelles-tu Heinz ?

— Non !

— T'appellerais-tu Broumpristoche ?

— C'est le diable, c'est le diable qui te l'a dit ! » s'écria le lutin en frappant le sol du pied droit avec tant de force qu'il s'y enfonça jusqu'au ventre. Et, dans sa colère, il saisit son pied gauche à deux mains et tira si fort qu'il se déchira le corps par le milieu.

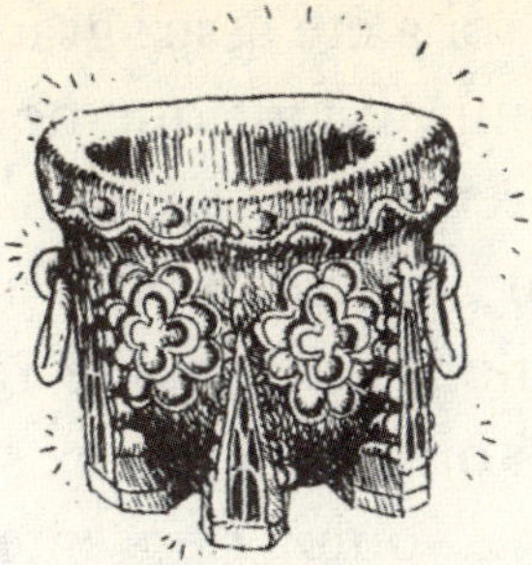

L'astucieuse fille du paysan

Il était une fois un pauvre paysan qui ne possédait pas de terre. Il n'avait qu'une petite maison et une fille. Celle-ci lui dit : « Nous devrions demander au roi qu'il nous donne un bout de terrain. » Quand le roi apprit leur pauvreté, il leur offrit un coin de pré qu'elle retourna avec son père pour y semer un peu de blé et d'autres grains.

Ce travail était presque achevé lorsqu'ils découvrirent dans la terre un mortier fait d'or pur. « Écoute voir, dit le père à la jeune fille, puisque notre roi a été assez gracieux pour nous donner ce champ, il faut que nous lui donnions ce mortier en retour. » La fille n'était pas de cet avis. Elle lui dit : « Père, si nous avons le mortier, mais pas le pilon, on nous le réclamera aussi. C'est pour cela qu'il vaut mieux se taire. »

Le paysan ne voulut rien entendre. Il prit le mortier et le porta au roi en disant qu'il l'avait trouvé dans la terre et qu'il le priait de l'accepter en hommage. Le roi prit le mortier et demanda s'il n'avait trouvé rien d'autre.

« Non », répondit le paysan.

Le roi lui dit alors d'apporter également le pilon. Le paysan expliqua qu'il ne l'avait pas trouvé. Mais cela ne lui servit de rien. On le mit en prison et on lui dit qu'il y resterait aussi longtemps que le pilon n'aurait pas été apporté au roi. On lui donnait chaque jour à manger du pain et à boire de l'eau, comme il en va dans les prisons.

Les gens qui lui apportaient ainsi sa pitance remarquèrent qu'il répétait sans cesse : « Ah ! si j'avais écouté ma fille ! Ah ! si j'avais écouté ma fille ! » Ils le rapportèrent au roi et lui dirent que le prisonnier ne voulait ni manger ni boire. Le roi ordonna qu'on le lui amenât et il lui demanda pourquoi il criait sans arrêt : « Ah ! si seulement j'avais écouté ma fille ! »

« Qu'a donc dit ta fille ?

— Elle a dit que je ne devais pas apporter le mortier ; sinon on me réclamerait le pilon aussi.

— Si ta fille est si maligne que ça, fais-la venir ici. »

Il fallut qu'elle y allât. Le roi lui demanda s'il était vrai qu'elle était si maligne : il lui poserait une énigme ; si elle la résolvait, il l'épouserait. Elle accepta aussitôt, disant qu'elle trouverait.

Le roi dit : « Viens chez moi sans vêtements, mais pas toute nue, ni à cheval, ni en voiture, ni par le chemin, ni hors du chemin. Si tu y parviens, je t'épouserai. » La jeune fille se retira. Elle se déshabilla complètement. Elle n'avait donc plus de vêtements. Elle s'entoura dans un grand filet de pêcheur. Elle n'était donc pas toute nue. Elle emprunta un âne et lui attacha le filet à la queue. Il la tira ainsi, et elle n'était ni à cheval, ni en voiture ; elle le fit passer dans les ornières, si bien que seul son gros orteil touchait la terre : ce n'était ni dans le chemin, ni hors du chemin.

Quand tout fut terminé, le roi dit qu'elle avait résolu l'énigme et rempli toutes les conditions posées. Il fit libérer son père, l'épousa et mit à son nom tous les biens de la couronne.

Bien des années plus tard, un jour que le roi défilait à la tête de ses troupes, il arriva que des paysans qui venaient de vendre du bois firent halte devant le château avec leurs voitures ; les unes étaient attelées de bœufs, les autres de chevaux. Il y avait un paysan qui avait trois chevaux. Une jument donna le jour à un petit poulain qui s'enfuit et se coucha entre les bœufs attelés devant eux.

Quand les paysans se réunirent pour discuter du cas, ils commencèrent par se quereller et à faire grand bruit. Celui qui avait les bœufs voulait garder le poulain, disant que c'étaient les bœufs qui lui avaient donné le jour ; l'autre disait que ce n'était pas vrai, que c'étaient ses chevaux et que le poulain lui appartenait. La dispute fut rapportée au roi. Son verdict fut que le poulain appartenait à ceux auprès desquels il s'était couché. Ce fut donc l'homme aux bœufs, à qui il n'appartenait pas, qui l'obtint.

L'autre s'en alla en pleurant, se lamentant sur le sort de son poulain. Il avait entendu dire que la reine était très charitable parce qu'elle était elle-même issue d'une pauvre famille de paysans.

Il se rendit auprès d'elle et lui demanda si elle ne pourrait l'aider à récupérer son poulain.

« Oui, lui répondit-elle ; si tu me promets de ne pas me dénoncer, je te dirai ce qu'il faut faire : demain matin, quand le roi passera la revue de la garde, mets-toi au milieu de la rue à l'endroit où il doit passer, prends un grand filet et fais comme si tu pêchais ; continue à pêcher et ensuite secoue le filet comme s'il était plein. »

Elle lui expliqua également ce qu'il devrait répondre aux questions du roi. Le paysan se tint donc le lendemain au lieu dit, pêchant au sec. Quand le roi arriva et vit la scène, il envoya son messager pour qu'il se renseignât sur les intentions de ce fou. Celui-ci répondit : « Je pêche. » Le messager lui demanda comment il pouvait bien pêcher puisqu'il n'y avait pas d'eau. Réponse du paysan : « De même que deux bœufs peuvent mettre bas un poulain, de même je puis pêcher au sec. »

Le messager alla rendre compte de ces paroles au roi. Celui-ci fit venir le paysan et lui dit qu'il n'avait pas trouvé ça tout seul. Il devait lui dire immédiatement de qui il tenait ce langage. Le paysan ne voulut rien entendre et jura ses grands dieux que tout venait de lui. On le coucha sur une botte de paille et on le battit et le tourmenta si fort qu'il finit par dire que la reine l'avait guidé.

Quand le roi revint chez lui, il demanda à la reine : « Pourquoi me joues-tu de ces tours ? Je ne te veux plus pour femme ; tu as fait ton temps ; retourne d'où tu viens, dans ta masure de paysan. »

Il lui permit cependant d'emporter avec elle ce qu'elle aimait le plus et ce qu'il y avait de meilleur. Ce serait là leur adieu.

Elle lui dit : « Bien, mon cher mari, je ferai ce que tu ordonnes. » Et elle tomba dans ses bras et l'embrassa, disant qu'elle voulait ainsi prendre congé de lui.

Puis elle fit apporter un puissant somnifère, pour boire avec lui le verre des adieux. Le roi en but un grand coup, elle un tout petit peu. Il tomba bientôt dans un profond sommeil. Quand elle vit cela, elle appela un serviteur, prit un beau drap de lin blanc et enveloppa le roi. Le serviteur

fut alors chargé de le porter dans une voiture et elle le conduisit dans sa petite maison. Elle le coucha dans son petit lit et il dormit tout le jour et toute la nuit.

Quand il s'éveilla, il regarda autour de lui et dit : « Seigneur ! où suis-je donc ? » Il appela ses serviteurs, mais personne ne répondit. Finalement, sa femme arriva, qui dit : « Cher sire, vous m'avez dit d'emmener du château ce qu'il y avait de mieux et ce que j'aimais le plus. Je n'ai rien trouvé de plus beau et de plus aimable que vous. C'est donc vous que j'ai emmené. »

Les larmes vinrent aux yeux du roi et il dit : « Ma chère femme, tu dois rester mienne et je suis à toi. »

Et il la reprit en son château et ils se remarièrent ; et ils vivent sans doute encore aujourd'hui.

L'Eau de la vie

Il était une fois un roi qui était malade et personne ne croyait qu'il resterait en vie. Il avait trois fils et tous trois étaient fort affligés. Ils descendirent au jardin du château et pleurèrent. Un vieil homme qui passait par là leur demanda la raison de leur chagrin. Ils lui dirent que leur père était si malade qu'il allait certainement mourir et qu'il n'y avait plus rien à faire. Alors le vieillard leur dit : « Je connais cependant un moyen de le sauver : c'est l'Eau de la vie. S'il en boit, il guérira.

Mais cette eau merveilleuse est difficile à trouver. »

L'aîné des fils dit : « J'arriverai bien à la découvrir. » Il se rendit auprès du roi malade et lui demanda l'autorisation de partir à la recherche de l'Eau de la vie qui seule pourrait le guérir. « Non, répondit le roi, le danger est trop grand. Je préfère mourir. » Le prince insista tant que le roi finalement accepta. Et son fils se disait : « Si j'apporte l'Eau, j'aurai la préférence de mon père et j'hériterai du royaume. »

Il se mit donc en quête. Après avoir cherché pendant quelque temps, il aperçut un nain devant lui sur la route. Le nain l'interpella :

« Où courez-vous si vite ?

— Sot avorton, répondit le prince avec hauteur, qu'as-tu besoin de le savoir ! » Et il poursuivit sa route.

Le nain était fort irrité. Il lui jeta un sort. Bientôt le prince arriva dans une gorge profonde et plus il avançait, plus les parois se rapprochaient l'une de l'autre. À la fin, la voie devint si étroite qu'il ne put avancer d'un pas. Impossible de faire faire demi-tour au cheval, ou de descendre de selle. Il était là comme enfermé.

Le roi malade l'attendit longtemps, mais il ne

revint pas. Alors le deuxième fils dit : « Père, laisse-moi partir à la recherche de l'Eau de la vie. » Et il pensait en lui-même : « Si mon frère est mort, c'est à moi que reviendra le royaume ». Tout d'abord, le roi ne le laissa pas partir. Mais finalement, il accepta.

Le prince prit donc le même chemin qu'avait emprunté son frère et, lui aussi, rencontra le nain. Celui-ci l'arrêta et lui demanda où il courait si vite : « Petit avorton, répondit le prince, cela ne te regarde pas ! » et il poursuivit sa route sans se retourner. Le nain lui jeta un sort et, comme son frère, le fils du roi s'enfonça dans une gorge, où il ne put ni avancer ni reculer.

Voilà ce qui arrive aux orgueilleux.

Comme son second frère ne revenait pas, le plus jeune demanda à son tour à partir à la recherche de l'Eau de la vie. Le roi, à la fin, l'y autorisa. Quand le prince rencontra le nain et que celui-ci lui demanda où il allait avec tant de hâte, il s'arrêta, engagea la conversation et dit :

« Je cherche l'Eau de la vie, car mon père va mourir.

— Sais-tu où tu la trouveras ?

— Non, répondit le prince.

— Parce que tu t'es comporté comme il

convient et que tu n'es point vaniteux comme tes frères, je vais te dire où tu trouveras l'Eau de la vie. Elle coule d'une fontaine située dans la cour d'un château enchanté. Mais tu ne pourras y pénétrer si je ne te donne une baguette de fer et deux miches de pain. Avec la baguette, tu frapperas trois fois à la porte de fer du château. Elle s'ouvrira. Dans la cour il y a deux lions à la gueule grande ouverte. Si tu leur lances à chacun un pain, ils se tiendront tranquilles. Ensuite, tu te hâteras et tu prendras l'Eau avant que minuit ne sonne. Sinon la porte se refermerait et tu serais prisonnier. »

Le prince le remercia, prit la baguette et les pains et se mit en route. Tout se passa comme le nain l'avait prédit. La porte s'ouvrit au troisième coup et, après avoir apaisé les lions avec le pain, il entra dans le château et arriva dans une salle, grande et belle. Des princes victimes d'un sort qu'on leur avait jeté s'y tenaient endormis. Il leur prit l'anneau qu'ils portaient tous au doigt ; il s'empara également d'une épée et d'un pain qui étaient là.

Dans une autre pièce, il vit une jolie jeune fille qu'il salua joyeusement. Elle lui donna un baiser et lui dit qu'il l'avait délivrée et qu'il recevrait son royaume entier en remerciement. Et s'il revenait une année exactement plus tard, leurs noces seraient célébrées. Elle lui dit aussi où se trouvait la fontaine d'où coulait l'Eau de la vie. Il devait cependant se hâter et en prendre avant que sonnât minuit.

Il continua donc et finit par arriver dans une chambre où se trouvait un beau lit invitant au sommeil. Comme il était fatigué, il décida de se reposer un peu. Il se coucha et s'endormit. Quand il se réveilla, minuit moins le quart sonnait. Effrayé, il sauta du lit, courut à la fontaine, prit de l'Eau dans un gobelet qui se trouvait là et partit en courant. Mais, tout juste comme il passait la porte, les douze coups de minuit sonnèrent et l'huis se referma si vite qu'il en eut un morceau du talon coupé.

Il était cependant heureux d'avoir l'Eau de la vie. Il reprit le chemin de la maison et rencontra de nouveau le nain. Quand celui-ci vit l'épée et le pain, il lui dit : « Tu viens de faire une bonne affaire ! Avec l'épée, tu seras capable de défaire une armée entière ; et le pain se renouvellera sans cesse. »

Le prince ne voulait pas revenir chez son père sans avoir retrouvé ses frères. Il dit : « Cher petit nain, ne pourrais-tu me dire où sont mes frères ? Ils sont partis avant moi à la recherche de l'Eau et ne sont pas revenus.

— Ils sont enfermés entre deux montagnes, répondit le nain. Je leur ai jeté un sort parce qu'ils étaient vaniteux. »

Le prince le supplia tant que le nain les libéra. Mais il lui dit : « Garde-toi d'eux ; ils ont mauvais cœur ! »

Quand ses frères arrivèrent, il se réjouit et leur conta ce qui était advenu : qu'il avait trouvé l'Eau de la vie et en rapportait un plein gobelet ; qu'il avait libéré du sort une jolie princesse ; qu'elle l'attendrait pendant un an et que leurs noces seraient célébrées ; qu'il recevrait un grand royaume.

Ils partirent tous trois sur leurs chevaux et parvinrent dans un pays où régnaient la famine et la guerre ; son roi croyait déjà qu'il allait mourir, tant était grande sa misère. Le prince vint vers lui, lui donna le pain et tous les habitants du pays s'en nourrirent. Il donna également l'épée au roi. Grâce à elle, celui-ci détruisit l'armée de ses ennemis et le royaume retrouva la paix et la tranquillité.

Le prince reprit son pain et son épée, et les

trois frères poursuivirent leur chemin. Sur leur route, ils trouvèrent deux autres pays encore, en proie à la famine et à la guerre. À chaque fois, le prince prêtait au roi son épée et son pain. Il sauva donc ainsi trois royaumes. Ensuite, ils montèrent dans un bateau et traversèrent la mer.

Pendant le voyage, les deux aînés s'entretinrent en secret. « Notre cadet a trouvé l'Eau de la vie et nous, rien du tout. Notre père lui donnera le royaume qui nous revient. Il nous enlèvera toute chance. » Ils se mirent d'accord pour lui nuire. Ils attendirent qu'il fût profondément endormi, prirent l'Eau dans son gobelet et la remplacèrent par l'eau salée de la mer.

Quand ils arrivèrent chez eux, le plus jeune apporta son gobelet au roi malade pour qu'il y boive et recouvre la santé. Mais à peine en eut-il goûté qu'il tomba plus malade encore qu'auparavant. Comme il s'en plaignait, ses deux fils aînés vinrent auprès de lui et accusèrent leur cadet d'avoir voulu l'empoisonner. Mais eux, lui dirent-ils, apportaient la véritable Eau de la vie.

Ils la lui donnèrent. Dès les premières gouttes, il sentit que la maladie l'abandonnait et se retrouva fort et sain comme au temps de sa jeunesse. Les deux frères allèrent alors trouver le plus jeune et se moquèrent de lui, disant :

« C'est bien toi qui as découvert l'Eau et qui as eu tout le mal ; mais c'est nous qui en avons le bénéfice. Tu aurais été plus avisé de garder les yeux ouverts : nous te l'avons prise pendant que tu dormais sur le bateau. Et dans un an, l'un de nous ira chercher la jolie princesse. Mais garde-toi bien de nous dénoncer ! Notre père ne te croirait pas et si tu dis un seul mot, c'en sera fait de toi ! Si tu te tais, nous te ferons grâce. »

Le vieux roi était en colère contre son plus jeune fils et croyait qu'il avait voulu le tuer. Il fit rassembler la cour qui décida qu'il serait abattu secrètement.

Un jour le prince était à la chasse et ne pensait pas à mal ; le chasseur du roi l'accompagnait. Comme celui-ci semblait triste, le prince lui demanda : « Qu'est-ce qui ne va pas, cher chasseur ? » Le chasseur répondit : « Je ne puis le dire, mais il faut que je le fasse. » Alors le prince :

« Dis-moi franchement ce qu'il en est, je te pardonnerai.

— Ah ! répondit le chasseur, il me faut vous tuer ; le roi me l'a ordonné. »

Le prince prit peur et dit : « Cher chasseur,

laisse-moi en vie. Je te donnerai mes habits royaux, donne-moi les tiens qui sont bien moins beaux. » Le chasseur répondit : « Je veux bien ; je n'aurais de toute façon pas pu tirer sur vous. »

Ils échangèrent leurs vêtements et le chasseur rentra chez lui tandis que le prince s'enfonçait plus avant dans la forêt.

Au bout d'un certain temps, trois voitures chargées d'or et de pierreries destinées au plus jeune des princes arrivèrent au château. Elles étaient envoyées, en signe de reconnaissance, par les trois rois qui avaient défait leurs ennemis avec l'épée prêtée par lui et nourri leur peuple avec son pain.

Le vieux roi songea : « Mon fils serait-il innocent ? » Il dit à ses gens :

« Si seulement il était encore en vie ! Je regrette de l'avoir fait tuer.

— Il vit encore, dit le chasseur. Je n'ai pas eu la force d'exécuter vos ordres », et il raconta au roi ce qui s'était passé. Celui-ci se sentit libéré d'un grand poids. Il fit savoir par tout le royaume que son fils avait le droit de revenir et qu'il rentrerait en grâce.

Pendant ce temps, la princesse avait fait tracer une allée d'or et de brillants devant le château autrefois enchanté. Elle dit à ses gens que celui qui chevaucherait vers elle tout droit par ce chemin serait l'époux attendu et qu'il faudrait le laisser entrer. Mais celui qui passerait à côté ne devrait pas être reçu.

Quand le temps fut venu, l'aîné des princes se dit que le moment était arrivé de se rendre auprès de la princesse et de se donner pour son sauveur. Elle le recevrait pour époux et il obtiendrait le royaume, de surcroît. Il s'en alla donc et quand il arriva au château, il se dit en voyant la route d'or : « Ce serait bien dommage de galoper là-dessus ! » Il fit un écart et chevaucha sur le bas-côté. Quand il fut devant la porte, les gens lui dirent qu'il n'était pas l'époux attendu et qu'il devait s'en retourner.

Peu de temps après, le deuxième prince prit à son tour le chemin du château. Quand il arriva à la voie d'or et que son cheval y eut posé un sabot, il songea : « Ce serait bien dommage ! je vais passer à côté. » Il fit un écart et passa par le bas-côté. Quand il parvint à la porte, les gens lui dirent qu'il n'était pas celui qu'on attendait et qu'il devait s'en retourner.

Lorsque l'année fut entièrement écoulée, le troisième prince s'apprêta à quitter les bois pour chevaucher vers sa bien-aimée et oublier auprès d'elle tous ses malheurs. Il se mit en route sans cesser de songer à elle. Perdu dans ses douces pensées, il ne vit pas du tout la route d'or sur laquelle trottait son cheval. Quand il arriva à la porte, elle lui fut ouverte.

La princesse l'accueillit avec joie et lui dit qu'il était son sauveur et le seigneur de ce royaume. Les noces furent célébrées dans une grande félicité.

Quand la fête fut terminée, la princesse raconta à son époux que son père l'avait invité à retourner auprès de lui et qu'il lui avait pardonné. Il chevaucha jusque chez lui et raconta au roi comment ses frères l'avaient trompé et comment, malgré cela, il s'était tu sur leur compte. Le vieux roi voulait les punir. Mais ils s'étaient déjà embarqués sur un bateau et avaient disparu. On ne les revit jamais.

Peau d'Ours

Il était une fois un jeune homme qui avait appris le métier de soldat. Il se comportait courageusement et, sous le feu de l'ennemi, se tenait toujours au premier rang. Tant que dura la guerre, tout alla bien. Mais quand vint la paix, on le congédia et son capitaine lui dit qu'il pouvait aller où bon lui semblait.

Ses parents étaient morts et il n'avait plus de foyer. Il alla chez ses frères et leur demanda de lui accorder asile jusqu'à ce que la guerre éclatât à nouveau. Mais ses frères n'avaient pas de cœur.

Ils lui dirent : « Que veux-tu que nous fassions de toi ? Tu ne peux nous être utile. Débrouille-toi tout seul. »

Le soldat ne possédait plus que son fusil. Il le mit à l'épaule et s'apprêta à partir par le monde. Il arriva dans une vaste lande où l'on ne voyait rien d'autre qu'une rangée d'arbres plantés en rond. Tristement, il s'assit à leur ombre et médita sur son sort. « Je n'ai pas d'argent, songeait-il ; je ne connais d'autre métier que celui de la guerre. Maintenant que la paix est revenue, nul n'a besoin de moi. Je prévois qu'il me faudra mourir de faim. »

Tout à coup, il entendit un bruit léger. Comme il regardait autour de lui, il vit à ses côtés un homme vêtu de vert, de fort belle prestance, mais qui avait un affreux pied de cheval.

« Je sais ce qui te manque, dit l'homme. Tu auras des biens, et de l'argent autant que tu pourras en porter en y mettant toutes tes forces. Mais il faut d'abord que je sache si tu n'as peur de rien. Je ne veux pas dépenser mon argent en pure perte.

— Un soldat et la peur, cela ne va pas ensemble, répondit le jeune homme. Mets-moi à l'épreuve.

— Allons-y, dit l'homme. Regarde derrière toi ! »

Le soldat se retourna et vit un ours énorme qui fonçait sur lui en grondant. « Oh ! Oh ! dit le soldat, je vais te chatouiller les narines à t'en faire passer l'envie de grogner ! » Il le mit en joue, tira et l'atteignit en pleine gueule, si bien qu'il tomba et ne bougea plus.

« Je vois, dit l'homme, que tu ne manques pas de courage. Mais il te reste encore une condition à remplir.

— Si cela ne compromet pas ma vie éternelle, répondit le soldat, qui avait compris à qui il avait affaire, d'accord. Sinon, je ne marche pas.

— Tu verras par toi-même, dit l'homme vert. Il faudra qu'au cours des sept années à venir, tu ne te laves pas, tu ne peignes ni tes cheveux, ni ta barbe ; que tu ne te coupes pas les ongles et que tu ne dises aucun Notre Père. En outre, je te donnerai un costume et un manteau que tu devras porter durant tout ce temps. Si tu meurs au cours de ces sept années, tu seras à moi. Si, au contraire, tu survis, tu seras libre et riche jusqu'à la fin de tes jours. »

Le soldat songea à la grande misère dans laquelle il se trouvait et, comme il avait souvent affronté la mort, il accepta de la risquer une fois de plus. Le Diable enleva son habit vert et le lui tendit en disant : « Quand tu porteras ce costume, chaque fois que tu mettras la main à la poche, tu l'en ressortiras pleine d'or. » Puis il dépouilla l'ours et dit : « Cela te servira de manteau et aussi de lit ; car il faudra que tu couches sur cette peau et tu n'auras le droit de t'étendre sur nul autre lit. Et, à cause de cet accoutrement, tu t'appelleras Peau d'Ours. » Sur quoi, le Diable disparut.

Le soldat revêtit l'habit vert, mit tout de suite la main à la poche et vit qu'on lui avait dit vrai. Il jeta la peau d'ours sur ses épaules et prit la route. Il était de bonne humeur, et, grâce à son argent, il ne se laissa manquer de rien.

La première année, tout alla bien. Mais au bout de la deuxième, il avait déjà l'air d'un monstre. Les cheveux lui couvraient presque tout le visage, sa barbe semblait un morceau de feutre grossier, ses doigts portaient de véritables griffes et sa figure était si crasseuse que le cresson y aurait poussé si on en avait semé. Quand ils le voyaient, les gens s'enfuyaient. Mais, comme il donnait partout de l'argent aux pauvres en leur demandant de prier pour qu'il ne mourût point au cours des sept années, et parce qu'il payait bien tout ce qu'il achetait, il trouvait malgré tout le gîte et le couvert.

Au cours de la quatrième année, il arriva à une auberge dont le patron refusa de le recevoir. Il n'accepta même pas de lui faire une place à l'écurie, tant il craignait que ses chevaux ne prissent le mors aux dents. Cependant, quand Peau d'Ours plongea sa main dans sa poche et qu'il l'en retira pleine de ducats, l'aubergiste se laissa attendrir et lui donna une chambre dans un bâtiment de l'arrière-cour. Peau d'Ours dut promettre de ne pas se faire voir pour qu'une mauvaise renommée ne rejaillît pas sur l'auberge.

Le soir, comme Peau d'Ours, tout seul dans sa chambre, espérait de toute son âme que les sept années passeraient vite, il entendit que l'on se plaignait à haute voix dans une pièce voisine. Il avait bon cœur. Il poussa la porte et vit un vieillard qui pleurait à chaudes larmes en se tordant les bras. Peau d'Ours s'approcha de lui. Mais l'homme, pris de peur, voulut s'enfuir. Cependant, quand il entendit qu'on s'adressait à lui avec un langage humain, il s'arrêta.

Peau d'Ours lui parla avec amitié et le vieux lui raconta alors la raison de son tourment. Il

avait perdu peu à peu tous ses biens. Lui et ses filles se trouvaient dans l'indigence. Il était si pauvre qu'il ne pouvait même plus payer l'aubergiste et on allait le mettre en prison.

« Si c'est là tout votre souci, dit Peau d'Ours, j'ai assez d'argent pour vous tirer d'affaire. » Il fit venir l'aubergiste, le paya et remplit d'or la poche du malheureux par-dessus le marché.

Quand le vieillard se vit sauvé, il ne sut comment témoigner sa reconnaissance. « Viens avec moi, lui dit-il ; mes filles sont des merveilles de beauté. Choisis-en une pour femme. Quand elle apprendra ce que tu as fait pour moi, elle ne refusera pas. Tu as, bien sûr, l'air un peu bizarre, mais elle saura te remettre en état. »

Cela ne déplaisait pas à Peau d'Ours. Il l'accompagna donc chez lui. Quand l'aînée des filles le vit, son aspect l'effraya si fort qu'elle poussa un cri et s'enfuit. La deuxième resta bien là, le regardant des pieds à la tête, mais ce fut pour dire : « Comment pourrais-je épouser un homme qui n'a plus figure humaine ? J'aime encore mieux l'ours rasé que l'on a vu ici un jour et qui se faisait passer pour un homme ! Il portait du moins un manteau de hussard et des gants blancs ! Bien qu'il fût laid, j'aurais pu m'habituer à lui. »

Mais la plus jeune dit : « Cher père, celui qui vous a tiré du malheur ne peut être qu'un homme plein de bonté. Si vous lui avez promis une fiancée en retour, il faut que votre parole soit tenue. »

Il était bien dommage que le visage de Peau d'Ours fût couvert de crasse et de barbe : on aurait pu y lire combien son cœur riait d'entendre ces paroles. Il prit une bague à son doigt, la brisa en deux et en donna une moitié à la jeune fille. Il garda l'autre partie pour lui. Il inscrivit son nom dans celle qu'il lui avait remise et celui de la jeune fille dans la sienne. Il la pria de garder précieusement ce qu'il lui donnait. Sur quoi il prit congé en disant :

« Je serai parti encore pendant trois ans. Si au bout de ce temps je ne reviens pas, c'est que je serai mort et tu seras libre. Mais prie Dieu qu'il me laisse la vie. »

La pauvre fiancée s'habilla de noir et quand elle pensait à son bien-aimé, les larmes lui venaient aux yeux. De ses sœurs, elle ne recevait que sarcasmes et moqueries.

« Méfie-toi, disait l'aînée, si tu lui tends la main, il te donnera un coup de griffe !

— Prends garde ! disait la seconde, les ours aiment les douceurs et si tu lui plais, il te mangera.

— Il te faudra toujours en faire à sa guise, reprenait l'aînée, sinon il se mettra à grogner ! »

Et la seconde ajoutait : « Mais le mariage sera gai : les ours dansent bien ! » La fiancée ne répondait pas. Mais elle ne se laissait pas détourner de ses sentiments.

Quant à Peau d'Ours, il allait par le monde, d'un lieu à un autre, faisant le bien où il le pouvait et donnant richement aux pauvres afin qu'ils prient pour lui. À la fin, quand le dernier jour des sept années fut venu, il se rendit de nouveau sur la lande et s'assit sous les arbres plantés en rond. Bientôt, comme le vent s'était mis à bruire, le Diable fut devant lui, le regardant avec humeur. Il lui lança son vieil habit et lui réclama le sien, le vert.

« Nous n'en sommes pas encore là, lui dit Peau d'Ours. Il faut d'abord que tu me nettoies. » Bon gré, mal gré, le Diable dut aller chercher de l'eau, laver Peau d'Ours, peigner ses cheveux, lui couper les ongles. Il apparut alors comme un vaillant homme de guerre, plus beau qu'il n'avait jamais été.

Quand le Diable s'en fut allé, Peau d'Ours se sentit le cœur léger. Il alla à la ville, s'acheta un somptueux costume de velours, s'installa dans une voiture tirée par quatre chevaux blancs et partit pour la maison de sa fiancée.

Personne ne le reconnut. Le père le prit pour un chef de guerre réputé et le conduisit dans la chambre où se tenaient ses filles. On le fit asseoir entre les deux aînées. Elles lui offrirent du vin, lui présentèrent les mets les plus délicats, pensant qu'elles n'avaient jamais vu un aussi bel homme de leur vie. La fiancée, elle, placée en face de lui, dans ses habits de deuil, ne levait pas les yeux et ne disait rien.

Quand, à la fin, il demanda au père s'il voulait lui donner une de ses filles pour épouse, les deux aînées se précipitèrent dans leur chambre pour y revêtir leurs plus beaux atours ; chacune s'imaginait qu'elle était l'élue.

Dès qu'il fut seul avec sa fiancée, l'étranger prit la moitié de la bague et la jeta dans un gobelet plein de vin qu'il lui tendit par-dessus la table. Elle l'accepta. Quand elle eut bu, elle aperçut la demi-bague au fond du gobelet et son cœur se mit à battre. Elle prit l'autre moitié de l'anneau qu'elle portait attaché à un ruban autour de son cou, joignit les deux parties et vit qu'elles concordaient parfaitement. Alors il dit : « Je suis ton promis, celui que tu as connu sous l'aspect de Peau d'Ours. Par la grâce de Dieu, j'ai retrouvé figure humaine et suis de nouveau propre. » Il alla vers elle, la prit dans ses bras et lui donna un baiser.

Les deux autres filles arrivaient justement en grande toilette. Quand elles virent que la cadette avait été choisie par le bel étranger et lorsqu'elles apprirent qu'il n'était autre que Peau d'Ours, elles sortirent de la pièce pleines de colère et de dépit. L'une d'elles se noya dans la fontaine, l'autre se pendit à un arbre.

Le soir, quelqu'un frappa à la porte. Quand le fiancé ouvrit, il vit que c'était le Diable dans son habit vert : « Vois-tu, dit le Malin, j'ai obtenu deux âmes à la place d'une seule. »

Jean de fer

Il était une fois un roi qui possédait une grande forêt proche de son château. Toutes sortes de gibier y vivaient. En ce temps-là, il y envoya un chasseur avec mission d'y tuer un chevreuil. Mais le chasseur ne revint pas. « Il lui est peut-être arrivé malheur », dit le roi. Et le lendemain, il envoya deux autres chasseurs dans la forêt. Ils étaient chargés de retrouver le premier. Mais eux non plus ne revinrent pas.

Le troisième jour, le roi fit venir tous ses chasseurs et leur dit : « Parcourez toute la forêt jusqu'à ce que vous les ayez retrouvés tous les trois. » Mais de ceux-là aussi, aucun ne revint et l'on ne revit aucun des chiens de la meute qui les accompagnait. Dès ce moment-là, personne ne voulut plus aller dans la forêt ; elle resta silencieuse et abandonnée et on y voyait seulement de temps à autre un aigle ou un vautour qui la survolait.

Cela dura ainsi de nombreuses années. Un jour, un chasseur étranger se présenta au roi. Il cherchait du travail et s'offrait pour pénétrer dans la dangereuse forêt. Le roi n'y consentit pas. Il dit : « La forêt est suspecte. Je crains qu'il ne t'y arrive ce qui est arrivé aux autres : tu n'en reviendras pas. » Le chasseur répondit : « Seigneur, j'accepte le danger. Je ne connais pas la peur. »

Le chasseur partit pour la forêt avec son chien. Bientôt, celui-ci trouva la piste d'un gibier et se mit à la suivre. Mais au bout de quelques pas, il tomba dans un bourbier et ne put continuer. Un bras nu en sortit, qui le saisit et l'entraîna. Quand le chasseur vit cela, il retourna chercher trois hommes. Il leur demanda d'apporter des seaux et d'épuiser l'eau.

Quand ils atteignirent le fond, ils virent un

homme sauvage couché, dont le corps était comme rouillé et dont les cheveux tombaient jusqu'aux genoux. Ils le lièrent avec des cordes et l'emmenèrent au château. On s'en étonna fort.

Le roi le fit enfermer dans une cage de fer au milieu de la cour, et interdit, sous peine de mort, que l'on en ouvrît la porte. Il ordonna que la reine elle-même gardât la clef de la cage en sa surveillance. À partir de ce moment-là, on put de nouveau pénétrer sans risque dans la forêt.

Le roi avait un fils de huit ans. Un jour qu'il jouait dans la cour du château, sa balle d'or tomba dans la cage. Le garçon y courut en criant :

« Rends-moi ma balle !

— Pas avant que tu ne m'aies ouvert la porte, répondit l'homme.

— Non, répliqua l'enfant. Je ne le ferai pas. Le roi l'a interdit. » Et il s'en alla.

Le lendemain, il revint et réclama à nouveau sa balle. L'homme sauvage dit : « Ouvre-moi la porte. » Mais l'enfant refusa. Le troisième jour, comme le roi était parti à la chasse, le garçon revint et dit : « Même si je le voulais, je ne pourrais ouvrir : je n'ai pas la clef. » L'homme sauvage dit alors : « Elle se trouve sous l'oreiller de ta mère. Tu n'as qu'à l'y prendre. »

L'enfant, qui tenait beaucoup à sa balle, étouffa en lui le remords et apporta la clef. La porte s'ouvrit difficilement et il s'y pinça le doigt. Quand elle fut ouverte, l'homme sauvage sortit de la cage, donna la balle à l'enfant et s'enfuit. Le fils du roi prit peur et cria : « Homme sauvage, ne te sauve pas ; on va me battre ! » L'homme sauvage revint sur ses pas, le souleva, le plaça sur ses épaules et partit avec lui dans la forêt.

Quand le roi revint, il vit que la cage était vide et demanda à la reine ce qui s'était passé. Elle n'en savait rien. Elle chercha la clef. Elle n'était plus là. Elle appela son fils. Il ne répondit pas. Le roi envoya ses gens à sa recherche, mais ils ne le trouvèrent pas. Et la cour tout entière fut plongée dans l'affliction.

Quand l'homme sauvage fut arrivé dans la sombre forêt, il déposa l'enfant à terre et dit : « Tu ne reverras jamais ni ton père ni ta mère. Mais, comme tu m'as libéré et parce que j'ai pitié de toi, je te garderai avec moi. Si tu fais tout ce que je te dis, tu t'en porteras bien. J'ai des trésors et de l'or plus que quiconque au monde. »

Il fit à l'enfant un lit de mousse sur lequel celui-ci s'endormit. Au matin, l'homme le conduisit au bord d'une fontaine et lui dit : « Tu vois, cette source est transparente et claire comme du cristal. Tu vas rester là et veiller à ce que rien n'y tombe et ne la salisse. Chaque soir, je viendrai et je verrai si tu m'as obéi. »

L'enfant s'assit au bord de la fontaine ; il vit des poissons et des serpents d'or et prit garde que rien n'y tombe. À un moment donné il eut si mal à son doigt qu'involontairement il le trempa dans l'eau. Il le retira bien vite, mais il était devenu comme doré. Il eut beau le laver, ce fut en vain.

Le soir, quand le Rouillé revint, il regarda l'enfant et dit : « Qu'est-il arrivé à la fontaine ?

— Rien, rien », répondit-il en cachant sa main derrière son dos pour qu'il ne la voie pas. Mais l'homme dit : « Tu as plongé ton doigt dans l'eau ; pour cette fois je ne dirai rien ; mais prends garde que plus rien ne vienne à y toucher ! »

Le lendemain matin, le petit garçon reprit sa place au bord de la fontaine. Il eut de nouveau mal au doigt et il le porta à sa tête. Par malheur, un cheveu tomba dans l'eau. Il l'en retira bien vite mais il était déjà tout doré. L'homme rouillé, lorsqu'il arriva, savait déjà ce qui s'était passé : « Tu as laissé tomber un cheveu dans la fontaine, dit-il. Passons encore pour cette fois, mais si cela se reproduit, la source sera souillée et tu ne pourras plus rester auprès de moi. »

Le troisième jour, le garçon s'assit près de la fontaine et ne remua pas le doigt encore qu'il lui fît mal à nouveau. Mais il trouvait le temps long. Il regarda son visage qui se reflétait dans le miroir de l'eau et comme il se penchait toujours plus

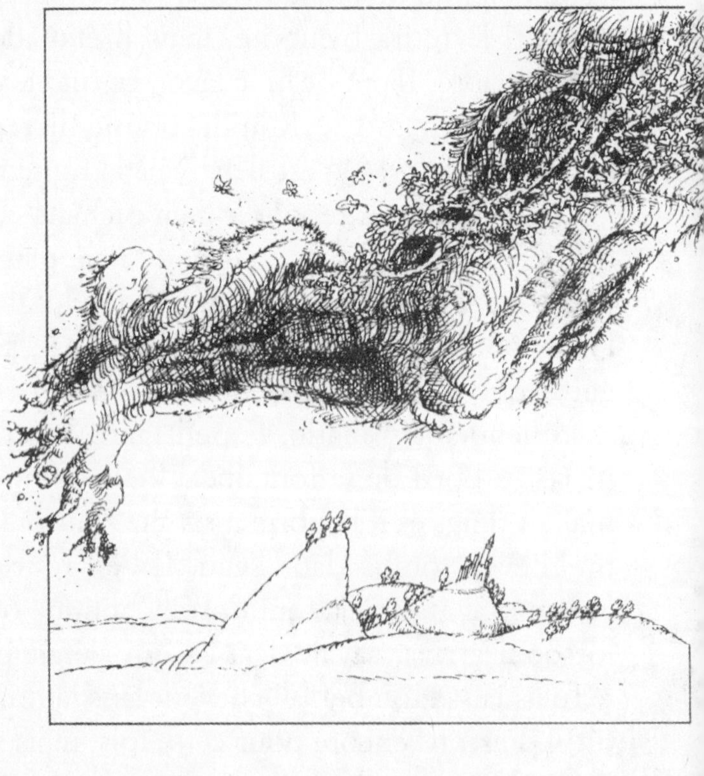

avant pour se regarder les yeux dans les yeux, ses longs cheveux pendant par-dessus ses épaules tombèrent dans la fontaine. Il les enleva bien vite, mais sa chevelure était déjà toute dorée et brillait comme le soleil.

Vous pouvez vous imaginer combien le pauvre enfant était effrayé. Il prit son mouchoir et se le

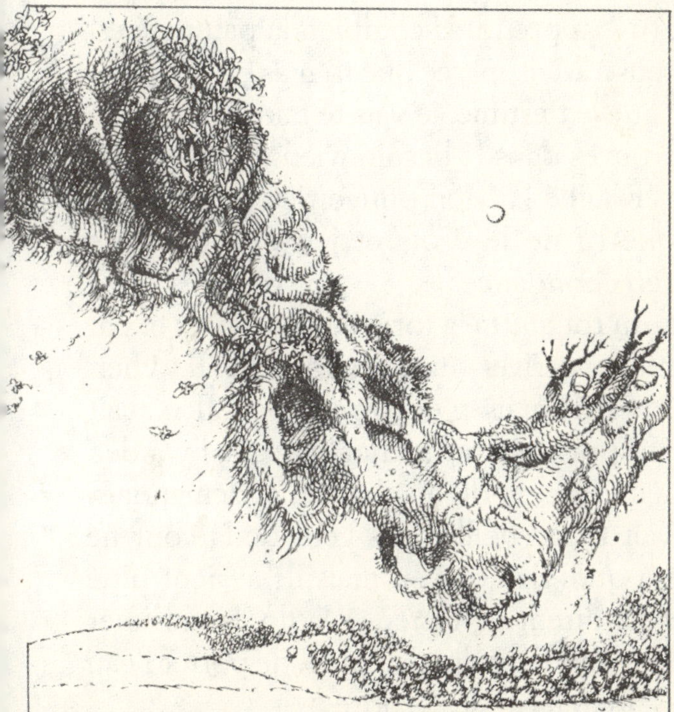

noua autour de la tête pour que l'homme ne s'aperçût de rien. Mais lorsque celui-ci arriva, il savait déjà tout et il dit : « Enlève ce mouchoir ! » Alors les cheveux d'or se répandirent et l'enfant essaya de s'excuser comme il le pouvait. Ce fut en vain.

« Tu n'as pas réussi ton épreuve et tu ne peux rester plus longtemps ici, dit le Rouillé. Va par le monde, tu y apprendras combien la pauvreté est douloureuse. Mais, parce que tu n'as pas mauvais cœur et que je t'estime, je vais te faire une grâce : si tu te trouves dans le besoin, viens dans la forêt et crie : "Rouillé !" Mon pouvoir est grand. Plus grand que tu ne le crois et j'ai de l'or et de l'argent en abondance. »

Le fils du roi quitta la forêt et, par monts et par vaux, finit par arriver à une grande ville. Il y chercha du travail, mais n'en trouva pas. Il n'avait d'ailleurs appris aucun métier qui pût l'y aider. Finalement, il se rendit au château et demanda si on pouvait l'y accueillir ; les gens de la cour ne savaient à quoi l'employer, mais ils avaient pitié de lui et lui dirent de rester. À la fin, le cuisinier le prit à son service et lui demanda de porter l'eau et le bois, de balayer les cendres.

Un jour qu'il n'avait personne d'autre sous la

main, le cuisinier lui demanda de porter les plats à la table royale. Comme il ne voulait pas que l'on vît ses cheveux d'or, il garda son petit chapeau. Le roi n'était pas habitué à ces façons et dit :

« Quand tu viens à la table royale, il faut enlever ton chapeau.

— Ah ! Sire, répondit-il, je ne peux pas. J'ai de vilaines croûtes sur la tête. »

Alors le roi fit appeler le cuisinier, le gourmanda et lui demanda comment il se faisait qu'il avait engagé un pareil aide. Il fallait le mettre sans retard à la porte. Mais le cuisinier eut pitié de lui et lui trouva une place d'aide-jardinier. Voilà notre garçon obligé de planter et d'arroser, de piocher et de bêcher par tous les temps.

Un jour, en été, comme il travaillait seul au jardin, il enleva son chapeau pour que la brise le rafraîchisse, tant il faisait chaud. Le soleil fit étinceler ses cheveux et leur reflet illumina la chambre de la fille du roi qui se leva pour voir ce qui se passait. Elle aperçut le garçon et lui cria : « Jeune homme, apporte-moi un bouquet de fleurs ! » Aussi vite qu'il le put, il remit son chapeau, cueillit des fleurs sauvages et en fit un bouquet. Dans l'escalier, il rencontra le jardinier qui lui dit :

« Comment peux-tu porter de si vilaines fleurs à la fille du roi ? Va vite en chercher d'autres, les plus belles et les plus rares.

— Ah ! non, dit le garçon, les fleurs sauvages sont bien plus parfumées et elles lui plairont davantage. »

Quand il pénétra dans la chambre de la princesse, elle lui dit : « Enlève ton chapeau ! Il ne convient pas que tu le gardes devant moi. » Il répondit de nouveau : « Je ne peux pas. Je suis teigneux. »

Mais la fille du roi lui arracha son chapeau. Alors ses cheveux d'or tombèrent sur ses épaules que c'en était une merveille. Il voulut s'enfuir, mais elle le retint par le bras et lui donna une pleine poignée de ducats. Il s'en alla sans prêter importance à l'or. Il le donna au jardinier en lui disant : « Donne ça à tes enfants, ils pourront jouer avec ces pièces de monnaie. »

Le lendemain, la princesse lui demanda de nouveau de lui apporter un bouquet de fleurs des champs. Quand il entra dans sa chambre, elle voulut tout de suite lui arracher son chapeau. Mais il le tenait de ses deux mains. Elle lui donna encore une fois une pleine poignée de ducats ; il ne voulut pas les garder pour lui ; il les remit au jardinier pour ses enfants. Le troisième jour, il en alla de même : elle ne put lui enlever son petit chapeau et il ne voulut pas de l'or.

Peu de temps après, la guerre fut déclarée à ce pays. Le roi rassembla son peuple. Il ne savait s'il pourrait résister à l'ennemi qui était très puissant et disposait d'une grande armée. L'aide-jardinier dit : « Je suis assez grand pour aller à la guerre. Vous n'avez qu'à me donner un cheval. » Les autres rirent et dirent : « Quand nous serons partis, cherches-en un toi-même ; nous en laisserons un pour toi à l'écurie. »

Quand ils furent partis, il se rendit à l'écurie et en fit sortir le cheval, qui était paralysé d'une jambe et allait cahin-caha. Malgré cela, le garçon se mit en selle et chevaucha vers la sombre forêt. Quand il fut arrivé à sa lisière, il cria par trois fois : « Rouillé », si fort que sa voix résonna à travers les arbres. Peu de temps après, l'homme sauvage apparut et dit :

« Que veux-tu ?

— J'ai besoin d'un solide cheval, car je veux partir en guerre.

— Tu auras cela et plus encore. »

L'homme sauvage se retira dans la forêt. Bientôt, un garçon d'écurie en sortait conduisant un cheval aux naseaux fumants, si fougueux qu'il était presque impossible à maîtriser. Et derrière lui venait toute une troupe d'hommes de guerre bardés de fer dont les épées étincelaient au soleil. Le jeune homme laissa son cheval à trois pattes au valet, enfourcha l'autre et chevaucha à la tête de la troupe.

Quand il s'approcha du champ de bataille, une grande partie de l'armée royale était déjà en déroute et il ne manquait plus grand-chose pour que les survivants ne s'enfuient. Alors le jeune homme se lança à l'attaque avec sa cohorte de fer, passa tel un ouragan sur l'ennemi et abattit tous ceux qui lui résistaient. Ils voulurent fuir, mais le garçon les poursuivit tant qu'il en resta un debout.

Ensuite, au lieu de retourner auprès du roi, il conduisit sa troupe à la forêt par des chemins détournés et appela le Rouillé :

« Que veux-tu ? lui demanda celui-ci.

— Reprends ton cheval et tes hommes et rends-moi mon cheval à trois pattes. »

Ce qu'il demandait lui fut accordé et il rentra au château sur son cheval bancal. Quand le roi rentra chez lui, sa fille vint à sa rencontre et le félicita pour sa victoire. « Ce n'est pas moi qui ai gagné la bataille, dit-il, c'est un chevalier étranger qui est venu à mon aide avec ses hommes. » La princesse voulut savoir qui était ce chevalier ; mais le roi était incapable de lui répondre. Il dit : « Il s'est lancé à la poursuite de l'ennemi et je ne l'ai pas revu. »

Ils demandèrent au jardinier ce qu'était

devenu son aide. Celui-ci rit et dit : « Il vient de rentrer sur son cheval à trois pattes et les autres se sont moqués de lui et ont crié : « Tiens, voilà notre bancal qui "revient !" Ils lui ont aussi demandé : "Derrière quelle haie t'es-tu couché pour dormir ?" Et lui a répondu : "J'ai fait de mon mieux et sans moi les choses auraient mal tourné." Alors on s'est moqué de lui bien plus encore. »

Le roi dit à sa fille : « Je vais faire annoncer une grande fête qui durera trois jours. Tu lanceras une pomme d'or. Peut-être l'inconnu viendra-t-il la prendre. »

Quand la fête eut été annoncée, le jeune homme partit pour la forêt et appela le Rouillé : « Que veux-tu ? », demanda celui-ci. « Prendre la pomme d'or de la princesse. – C'est comme si tu l'avais déjà, dit le Rouillé. Il te faut pour cela une armure rouge et un fier cheval. »

Quand vint le jour de la fête, le jeune homme se plaça parmi les chevaliers et personne ne le reconnut. La princesse s'avança vers eux et leur lança une pomme d'or. Il fut seul capable de l'attraper. Et à peine l'eut-il en main qu'il s'enfuit. Le deuxième jour, le Rouillé l'avait revêtu d'une armure blanche et il montait un cheval blanc.

Une deuxième fois, il fut seul à saisir la boule d'or. Mais il ne resta pas un instant de plus et s'éclipsa.

Le roi se mit en colère et dit : « Il n'est pas permis d'agir ainsi ! Il faut qu'il vienne devant moi et dise son nom. » Il donna des ordres pour qu'on suive le chevalier qui aurait attrapé la pomme, s'il cherchait encore à s'enfuir. Et s'il n'acceptait pas de revenir de son plein gré, il faudrait le frapper et le piquer avec l'épée.

Le troisième jour, le jeune homme reçut du Rouillé une armure noire et un cheval moreau. Il prit de nouveau la pomme. Quand il s'enfuit avec elle, les gens du roi le poursuivirent et l'un d'eux l'approcha de si près qu'il le blessa à la jambe de la pointe de son épée. Il leur échappa cependant, mais son cheval filait à une telle allure qu'il en perdit son casque et tout le monde put voir qu'il avait des cheveux d'or. Les poursuivants revinrent au château et firent leur rapport au roi.

Le lendemain, la fille du roi demanda au jardinier des nouvelles de son aide. « Il travaille au jardin, répondit-il. Ce phénomène était allé à la fête et il n'en est revenu qu'hier soir. Il a montré à mes enfants trois pommes d'or qu'il y a gagnées. » Le roi le fit mander et il vint avec, de nouveau, son petit chapeau sur la tête. Mais la fille du roi le lui enleva. Ses cheveux d'or tombèrent sur ses épaules et le spectacle était si beau que tous en restèrent pleins d'admiration.

« Es-tu le chevalier qui est venu chaque jour à la fête, toujours différemment vêtu, et qui a gagné les trois pommes ? demanda le roi.

— Oui, répondit-il. Et voici les trois pommes. »

Il les sortit de sa poche et les tendit au roi.

« Si vous voulez une preuve supplémentaire, vous pourrez voir la blessure que m'ont faite vos gens lorsqu'ils me poursuivaient. En outre, je suis le chevalier qui vous a aidé à remporter la victoire sur l'ennemi.

— Si tu as fait cela, tu n'es pas jardinier. Dis-moi qui est ton père ?

— Mon père est un roi très puissant et j'ai de l'or autant que j'en veux.

— Je vois bien, dit le roi, que je te dois beaucoup de reconnaissance. Puis-je faire quelque chose qui te fasse plaisir ?

— Oui, dit-il, vous le pouvez. Donnez-moi votre fille pour épouse. »

La jeune fille rit et dit : « Il ne fait pas de cérémonie, mais j'avais bien vu à ses cheveux d'or qu'il n'était pas jardinier. » Et elle l'embrassa.

Son père et sa mère vinrent au mariage et ils étaient pleins de joie car ils avaient abandonné l'espoir de revoir leur cher enfant. Et comme ils étaient assis à la table de noce, la musique se tut tout à coup, les portes s'ouvrirent et un roi de belle prestance entra, suivi de sa cour. Il s'approcha du jeune homme, l'enlaça et dit : « Je suis Jean de Fer ; j'avais été transformé en homme sauvage, mais tu m'as libéré. Tous les biens que je possède, je te les donne en toute propriété. »

Rose-Neige et Rouge-Rose

Une pauvre veuve vivait seule dans sa petite maison. Devant la maison, il y avait un petit jardin, et, dans le jardin, poussaient deux petits rosiers. L'un portait des roses blanches, l'autre des roses rouges. La veuve avait deux filles qui ressemblaient aux deux rosiers. L'une se nommait Rose-Neige, l'autre Rouge-Rose. Elles étaient si pieuses et si bonnes, si travailleuses et si patientes que jamais on n'avait vu pareils enfants au monde. Rose-Neige était encore plus silencieuse et plus douce que Rouge-Rose. Rouge-Rose aimait à courir par les prés et les champs, cueillait des fleurs et attrapait des papillons. Rose-Neige restait à la maison auprès de sa mère, l'aidait au ménage ou lui faisait la lecture quand aucun travail ne se présentait.

Les deux enfants s'aimaient tant qu'elles se tenaient toujours par la main lorsqu'elles sortaient ensemble. Et quand Rose-Neige disait : « Nous ne nous séparerons jamais », Rouge-Rose répondait : « Jamais, tant que nous vivrons. » Et leur mère ajoutait : « Ce que l'une de vous possède, elle doit le partager avec l'autre. »

Elles allaient souvent seules dans les bois pour cueillir des baies sauvages. Nul animal ne leur faisait de mal. Le lièvre venait manger des feuilles de chou dans leur main, le chevreuil broutait à leurs côtés, le cerf bondissait joyeusement à leur rencontre, les oiseaux ne quittaient pas leurs branches et chantaient à pleine voix. Quand les deux enfants s'attardaient dans la forêt et que la nuit les surprenait, elles se couchaient l'une près de l'autre sur la mousse et dormaient là jusqu'au matin. Leur mère le savait et ne se faisait aucun souci pour elles.

Un jour qu'elles avaient ainsi passé la nuit dans le bois, elles aperçurent dès l'aurore un bel enfant vêtu de blanc. Il était assis auprès d'elles. Quand elles furent complètement éveillées, il se leva et les regarda avec amitié. Mais il ne dit rien. Au bout de peu de temps, il s'en alla et s'enfonça dans la forêt. Quand les fillettes regardèrent autour d'elles, elles virent qu'elles avaient dormi au bord d'un précipice au fond duquel elles seraient sûrement tombées si elles avaient fait un pas de plus dans l'obscurité. Leur mère leur dit que l'enfant blanc devait être l'ange qui veille sur les fillettes sages.

Rose-Neige et Rouge-Rose tenaient le ménage de leur mère avec tant de soin que c'était un plaisir de le voir. En été, Rouge-Rose s'occupait de la maison, et chaque matin, avant que sa mère ne s'éveillât, elle disposait devant son lit un bouquet de fleurs avec, toujours, une rose de chacun des rosiers. En hiver, Rose-Neige allumait le feu et installait la marmite dans le foyer. La marmite était en cuivre et brillait comme de l'or tant elle était bien astiquée. Le soir, quand tombaient les flocons de neige, la mère disait : « Va pousser le verrou, Rose-Neige. » Et alors elles s'asseyaient toutes les trois au coin du feu. La mère prenait ses lunettes et lisait un gros livre. Les deux fillettes écoutaient de toutes leurs oreilles. À côté d'elles, un petit agneau était couché sur le sol et, derrière, sur un perchoir, une colombe blanche cachait sa tête sous son aile.

Un soir qu'elles étaient ainsi familièrement réunies, on frappa à la porte comme si quelqu'un demandait à entrer. La mère dit : « Vite, Rouge-Rose, ouvre ! Ce doit être un voyageur qui cherche un gîte. » Rouge-Rose courut vers la porte, tira le loquet, pensant qu'il s'agissait de quelque malheureux. Mais ce fut un ours qui par l'huis passa sa tête noire. Rouge-Rose poussa un cri et bondit en arrière. L'agneau se mit à bêler, la colombe battit des ailes, Rose-Neige se cacha derrière le lit de sa mère. Mais l'ours dit :

« Ne craignez point ; je ne vous ferai pas de mal. Je suis à moitié gelé et je voudrais seulement me réchauffer auprès de vous.

— Pauvre ours, dit la mère, allonge-toi près du feu ! Prends garde de ne pas brûler ta fourrure. » Et elle cria : « Rose-Neige et Rouge-Rose, venez ! L'ours ne vous fera pas de mal ; il n'a pas de mauvaises intentions. »

Elles s'approchèrent toutes deux et, peu à peu, leur crainte passée, l'agneau et la colombe vinrent également auprès de lui. L'ours dit : « Époussetez voir un peu la neige qui recouvre ma fourrure, les enfants ! » Les fillettes cherchèrent un balai et nettoyèrent son pelage. Lui, il se coucha près du feu et grogna de contentement tant il se sentait à l'aise. Bientôt, tout le monde fut en confiance et l'on s'amusa gentiment de la lourdeur de l'ours. On caressa sa fourrure, on mit les pieds sur son dos et les petites filles le firent rouler de-ci, de-là ou prirent une baguette de noisetier pour lui taper dessus ; et s'il grognait, cela faisait rire. L'ours se laissait faire. Mais comme elles y allaient un peu fort, il dit :

« Ne me tuez pas, les enfants ! » Et il ajouta :

« Rose-Neige et Rouge-Rose,
Voulez-vous la mort de votre prétendant ? »

Quand fut venu le moment de dormir, et que les enfants s'en furent allées au lit, la mère dit à l'ours : « Pour l'amour de Dieu, reste ici auprès du feu. Tu y seras à l'abri du froid et du mauvais temps. » Dès la pointe du jour, les enfants le firent sortir de la maison et il partit dans la neige vers la forêt. De ce moment-là, il revint tous les soirs à heure fixe, se couchait près du feu et permettait aux enfants de s'amuser avec lui autant qu'elles le voulaient. Elles s'étaient si bien habituées à lui qu'on ne mettait pas le verrou tant qu'il n'était pas arrivé.

Quand le printemps fut revenu et que la nature reverdit, l'ours dit un beau matin à Rose-Neige :

« Maintenant, il va falloir que je parte. Et je ne reviendrai plus de tout l'été.

— Où veux-tu donc aller, cher ours ? demanda Rose-Neige.

— Il faut que j'aille dans la forêt pour protéger mes trésors contre les méchants nains. En hiver, quand le sol est gelé, ils restent sous terre et ne peuvent sortir de leurs demeures. Mais maintenant que le soleil a fait fondre la glace et réchauffé la terre, ils réapparaissent, furètent partout et pillent. Et ce qui est passé par leurs mains et qu'ils ont apporté dans leurs cavernes ne revoit pas facilement la lumière du jour ! »

L'annonce de ce départ avait rendu Rose-Neige fort triste. Quand elle eut ouvert et que l'ours se glissa par la porte, il s'accrocha au verrou et un morceau de sa fourrure se déchira. Rose-Neige eut l'impression d'avoir vu briller de l'or. Mais elle n'en était pas sûre. L'ours, lui, était déjà loin et bientôt il disparut derrière les arbres.

Quelque temps après, leur mère envoya les deux enfants à la forêt pour y ramasser du petit bois. Quand elles y furent arrivées, elles virent un grand arbre abattu et quelque chose bondissait dans l'herbe, le long du tronc. En approchant, elles aperçurent un nain au visage vieux et ridé, avec une barbe longue d'une aune, blanche comme neige. La pointe de la barbe était coincée dans une fente de l'arbre et le petit bout d'homme courait de-ci, de-là, comme un chien en laisse, sans savoir comment il pourrait se tirer d'affaire. Il regarda les fillettes de ses yeux rouges et luisants et cria :

« Qu'est-ce que vous restez plantées là ! Qu'attendez-vous pour m'aider ?

— Que t'est-il arrivé, petit homme ? demanda Rouge-Rose.

— Petite oie stupide et curieuse, répondit le nain. Je voulais fendre l'arbre pour avoir du petit bois pour la cuisine. Avec des morceaux trop gros, le peu qu'il nous faut pour manger, à nous qui ne sommes pas aussi gloutons que vous, peuple grossier et vorace, brûle tout de suite. J'avais déjà réussi à enfoncer le coin et tout allait bien quand il glissa brusquement et jaillit en l'air. L'arbre se referma si vite que je n'ai pas pu en retirer ma belle barbe blanche. Maintenant, elle est coincée et je ne peux plus m'en aller. Et vous, vous riez, faces de carême ! Pouah ! Que vous êtes laides ! »

Les enfants se donnèrent beaucoup de mal, mais ne parvinrent pas à dégager la barbe du nain. Elle tenait trop bien.

« Je vais aller chercher de l'aide, dit Rouge-Rose.

— Stupide tête de mule ! gronda le nain. Chercher de l'aide ? C'en est déjà trop de vous deux. Trouvez une meilleure idée !

— Ne t'impatiente pas, dit Rose-Neige. Je vais t'aider. »

Elle prit ses petits ciseaux dans sa poche et coupa le bout de la barbe. Aussitôt que le nain fut libéré, il saisit un sac plein d'or caché entre les racines de l'arbre, le mit sur son dos et marmonna dans sa barbe : « Quelles brutes grossières ! Couper un morceau de ma belle barbe ! » Sur quoi il s'en alla, sans même jeter un dernier regard aux enfants.

À quelque temps de là, Rose-Neige et Rouge-Rose décidèrent d'aller à la pêche. Quand elles arrivèrent sur les bords du ruisseau, elles aperçurent quelque chose qui ressemblait à une grosse sauterelle. qui sautillait au bord de l'eau comme si elle voulait y bondir. Les enfants s'approchèrent et reconnurent le nain.

« Que fais-tu ? demanda Rouge-Rose. Tu ne vas quand même pas sauter dans l'eau !

— Je ne suis pas fou à ce point, répondit le nain. Ne voyez-vous donc pas que c'est le poisson que j'étais en train de prendre qui essaie de m'y faire tomber ? »

Le petit homme s'était, en effet, installé là pour pêcher et, par malheur, le vent avait emmêlé sa barbe dans sa ligne. Au même moment, un gros poisson avait mordu à l'hameçon et la faible créature ne parvenait pas à le tirer de l'eau. À ce jeu, le poisson était le plus fort et il allait réussir à entraîner le nain dans l'eau. Celui-ci avait beau s'accrocher aux brins d'herbe et aux joncs, cela ne lui servait à rien. Il lui fallait suivre les mouvements du poisson et il se trouvait en constant danger d'être tiré dans le ruisseau. Les fillettes arrivaient à point. Elles le retinrent et essayèrent de dégager la barbe de la ligne. En vain : barbe et ligne étaient emmêlées inextricablement l'une dans l'autre. Il ne restait rien d'autre à faire que de prendre des ciseaux et de couper la barbe dont un nouveau morceau fut ainsi sacrifié.

Quand le nain s'en aperçut, il s'écria : « Sont-ce là des manières, stupides filles ! Non contentes d'avoir coupé la pointe de ma barbe, vous m'en taillez maintenant les trois quarts ! Je n'oserai plus paraître devant les miens. Puissiez-vous aller nu-pieds ! » Il ramassa un sac de perles caché dans les roseaux et, sans ajouter un mot, disparut derrière une pierre.

Il advint que peu de temps plus tard, leur mère envoya les deux fillettes à la ville pour y acheter du fil, des aiguilles et du ruban. Pour y aller, elles devaient traverser une lande parsemée d'énormes rochers. Elles virent un gros oiseau qui planait au-dessus d'elles lentement, mais de plus en plus bas et qui, finalement, se posa près du roc. Tout de suite après, elles entendirent un cri perçant et pitoyable. Elles coururent par là et virent avec effroi que c'était un aigle qui tenait leur vieille connaissance, le nain, entre ses serres. Il allait l'enlever dans les airs. Pleines de compassion, les fillettes se cramponnèrent au petit homme et tirèrent tant et si bien que l'aigle abandonna sa proie.

Quand le nain fut revenu de sa peur, il dit de sa voix grinçante : « Vous ne pouviez donc pas faire ça plus proprement ! Vous avez tant tiré sur ma pauvre veste qu'elle en est déchirée de partout et pleine de trous, maladroites, lourdaudes que vous êtes ! » Il ramassa un sac de diamants et se glissa dans sa caverne sous les rochers. Les fillettes étaient habituées à son ingratitude. Elles poursuivirent leur route et firent leurs achats à la ville.

Sur le chemin du retour, elles surprirent le nain en train de secouer son sac de diamants au-dessus d'un endroit de la lande qu'il avait nettoyé, n'imaginant pas que quelqu'un viendrait à passer par là si tard. Le soleil couchant éclairait les pierreries qui jetaient tant de feux multicolores que les fillettes s'arrêtèrent pour les admirer.

« Qu'avez-vous à rester là, la bouche en cœur ? », s'écria le nain dont le visage d'ordinaire gris cendre était devenu tout rouge de colère. Il allait poursuivre ses injures quand un sourd grondement se fit entendre et un ours noir sortit du bois. Effrayé, le nain essaya de regagner son trou. Trop tard ! L'ours était déjà sur lui. Dans sa peur, le nain s'écria :

« Épargnez-moi, Seigneur Ours ! Je vous donnerai tous mes trésors. Regardez les beaux diamants, là, par terre ! Faites-moi grâce ! Que gagnerez-vous à manger mon corps fluet ? Vous ne me sentirez même pas passer entre les dents.

Prenez plutôt ces deux mécréantes ! Voilà pour vous un mets délicat ! Elles sont grasses comme des cailles. Mangez-les, par le diable ! »

L'ours ne s'occupa pas de ce qu'il disait. Il donna à la méchante créature un seul coup de patte et celle-ci ne bougea plus.

Les fillettes s'étaient enfuies. Mais l'ours leur cria : « Rose-Neige et Rouge-Rose, n'ayez pas peur, attendez, je vais partir avec vous ! » Elles reconnurent sa voix et s'arrêtèrent. Et quand l'ours les eut rejointes, sa fourrure tomba soudain et elles virent un beau jeune homme tout d'or vêtu. « Je suis le fils du roi, dit-il, et le nain, après m'avoir volé mes trésors, m'avait jeté un sort, me transformant en un ours sauvage condamné à errer par les bois, jusqu'à ce que sa mort me libérât. Il a enfin reçu son châtiment. »

Rose-Neige l'épousa et Rouge-Rose se maria avec son frère. Ils se partagèrent les immenses trésors que le nain avait rassemblés dans sa caverne. La vieille mère vécut encore de nombreuses années, tranquille et heureuse auprès de ses enfants. Elle emporta avec elle les deux rosiers, et les replanta devant sa fenêtre où, chaque année, ils donnèrent les plus belles roses, blanches et rouges.

L'oiseau Griffon

Il était une fois un roi. Où il régnait et comment il s'appelait, je n'en sais plus rien. Il n'avait pas de fils, mais une fille unique. Elle était toujours malade et aucun docteur ne pouvait la guérir. Quelqu'un dit au roi qu'elle retrouverait la santé si elle mangeait des pommes. Le roi fit savoir dans tout le pays que celui qui apporterait à sa fille des pommes qui la guériraient la recevrait en mariage et serait fait roi. Parmi ceux qui en entendirent parler, un paysan qui avait trois fils dit à son aîné : « Va au grenier, remplis un panier de belles pommes aux joues rouges et porte-les au château. Peut-être la fille du roi en guérira-t-elle ; tu l'épouseras et deviendras roi. » Le jeune homme fit ce qu'on lui disait et se mit en route.

Au bout de quelque temps, il rencontra un petit homme vêtu de gris. Celui-ci lui demanda ce qu'il portait dans son panier. Uli – c'est ainsi que se nommait le jeune homme – lui répondit : « Des cuisses de grenouilles ! » Le petit homme dit alors : « Eh bien, qu'elles le soient et qu'elles le demeurent ! » Et il s'en alla. Finalement, Uli arriva au château et se fit annoncer. Il avait des pommes, dit-il, qui guériraient la princesse si elle en mangeait. Le roi se réjouit fort et fit amener le jeune homme aussitôt. Mais, oh ! surprise, quand il ouvrit le panier, il était plein de cuisses de grenouilles et non de pommes. Et les cuisses remuaient encore. Le roi se mit en colère et le fit chasser du château. Quand Uli fut de retour à la maison, il raconta à son père ce qui lui était arrivé.

Le père envoya alors son second fils, qui s'appelait Samuel. Il lui arriva la même chose qu'à Uli. Il rencontra également le petit homme en gris qui lui demanda ce qu'il avait dans son panier. Samuel dit : « Des soies de cochon. » Le petit homme gris dit : « Eh bien, qu'elles le soient et qu'elles le demeurent ! » Quand Samuel arriva au château et qu'il eut fait annoncer qu'il apportait des pommes pour guérir la princesse, on ne voulut tout d'abord pas le laisser entrer. On lui dit qu'il était déjà venu quelqu'un qui les avait pris pour des fous. Samuel insista. Il avait vraiment des pommes ; il fallait le laisser entrer. Mais quand il ouvrit son panier, il était plein de soies de cochon. Le roi se mit tellement en colère qu'il fit jeter Samuel à la porte à coups de cravache. Quand le garçon fut rentré chez lui, il raconta ce qui lui était arrivé.

Le plus jeune, celui qu'on appelait Jeannot le Bêta, s'approcha d'eux. Il demanda à son père s'il ne pourrait pas lui permettre de porter lui aussi des pommes au roi. « Toi, dit le père, tu es vraiment l'homme qu'il faut pour cela ! Si ceux qui sont intelligents n'y arrivent pas, que pourrais-tu bien faire ? » Mais le jeune homme insista. « Père, j'aimerais essayer moi aussi !

— Tais-toi donc, imbécile ! attends d'être devenu plus malin ! » répondit le père en lui tournant le dos. Jeannot le tira par les basques : « Père, je voudrais essayer moi aussi !

— Eh bien ! si tu veux, vas-y ! Tu finiras bien

par revenir. » Le garçon en sauta de joie. « C'est ça, fais le fou ! dit le père. Tu deviens plus stupide de jour en jour ! » Mais Jeannot s'en moquait. Rien ne pouvait ternir sa joie.

Comme la nuit allait bientôt tomber, il décida d'attendre le lendemain. D'abord il ne trouva pas le sommeil. Finalement, il s'assoupit et rêva de jolies jeunes filles, de châteaux d'or, d'argent et de bien d'autres choses encore. Dès l'aube, il se mit en route et avant peu rencontra l'étrange petit homme dans son habit gris, qui lui demanda ce qu'il portait dans son panier. Jeannot lui répondit que c'était des pommes qui devaient redonner la santé à la fille du roi. « Eh bien, dit le petit homme, qu'elles le soient et qu'elles le demeurent ! »

Au château, on ne voulut pas le laisser entrer. On lui dit qu'il en était déjà venu deux autres qui prétendaient apporter des pommes. Le premier avait des cuisses de grenouilles, le second des soies de cochon. Jeannot affirma solennellement qu'il apportait bien des pommes et pas des cuisses de grenouilles, les plus belles pommes du royaume. Comme il semblait sincère le portier finit par se dire : « Celui-là ne ment pas ! » Et il le laissa entrer.

Il avait raison. Quand Jeannot ouvrit son panier devant le roi, il était plein de pommes jaune d'or. Le roi était très content. Il fit aussitôt porter des pommes à sa fille et attendit avec impatience de savoir ce qui en résulterait. Bientôt quelqu'un vint lui donner des nouvelles. Et qui était-ce, à votre avis ? La fille du roi elle-même ! À peine avait-elle goûté aux pommes, qu'elle avait bondi hors de son lit, guérie ! Combien fut grande la joie du roi, on ne peut le décrire.

Cependant, le roi ne voulait pas encore donner tout de suite sa fille en mariage à Jeannot. Il lui demanda de construire d'abord une nacelle qui naviguât sur terre encore mieux que sur l'eau. Jeannot n'y trouva rien à redire. Il rentra à la maison et raconta aux siens ce qui s'était passé. Le père envoya Uli au bois pour qu'il y construisît la nacelle demandée. Tout en sifflotant une chanson, le garçon y mit beaucoup de zèle. Vers midi, quand le soleil fut au plus haut, le petit homme en gris arriva et lui demanda ce qu'il faisait là. Uli lui répondit : « Des bricoles en bois ! » Le petit homme dit : « Eh bien, qu'il en soit ainsi et que cela dure ! » Le soir, Uli pensa qu'il avait construit une nacelle. Mais quand il voulut s'y asseoir elle vola en éclats et des bricoles en bois se répandirent partout.

Le lendemain, ce fut au tour de Samuel d'aller à la forêt. Il ne lui arriva rien d'autre qu'à Uli. Le troisième jour, Jeannot le Bêta s'y rendit à son tour. Il travailla d'arrache-pied. La forêt résonnait tout entière des coups de sa hache. En même temps, il chantait et sifflait joyeusement. Quand arriva midi, le petit homme apparut de nouveau et lui demanda ce qu'il faisait : « Une nacelle qui aille encore mieux sur terre que sur l'eau », répondit Jeannot. Et il expliqua que, lorsqu'il aurait réussi à la construire, il obtiendrait la fille du roi pour épouse. « Eh bien, dit le petit homme, qu'il en soit ainsi et que cela dure ! »

Le soir, quand le soleil se coucha, brillant comme de l'or pur, Jeannot avait achevé de construire sa nacelle et tous les accessoires nécessaires. Il y prit place et rama en direction du château royal. La nacelle filait comme le vent. Le roi vit arriver Jeannot de loin, mais il n'accepta pas encore de lui donner sa fille. Il lui demanda de garder auparavant un troupeau de cent lièvres du matin jusqu'au soir. S'il s'en échappait un seul, il n'épouserait pas sa fille. Jeannot, là encore, se déclara d'accord.

Le lendemain, il partit par les prés avec son troupeau, en prenant bien garde qu'aucun lièvre ne s'échappât. Bientôt arriva une servante du château qui le pria de vite lui en donner un. On attendait un invité de marque. Mais Jeannot comprenait fort bien où l'on voulait en venir. Il répondit qu'il ne donnerait pas de lièvre. Le roi n'avait qu'à attendre le lendemain pour offrir un civet à son hôte. Mais la servante n'en démordait pas. Jeannot lui dit alors qu'il ne donnerait un lièvre que si le roi venait en personne le lui demander. La servante fit part de cette réponse au château. La fille du roi vint alors elle-même.

Entre-temps, Jeannot avait rencontré le petit homme qui lui avait demandé ce qu'il faisait là. Il lui fallait garder cent lièvres, lui avait-il répondu, et veiller à ce qu'aucun ne s'enfuît. S'il réussissait, il épouserait la princesse et deviendrait roi. « Bien, avait dit le petit homme ; voici un sifflet. Si l'un des lièvres se sauve, tu n'auras qu'à souffler dedans et il reviendra. »

Quand la fille du roi arriva, Jeannot déposa un lièvre dans son tablier. Mais à peine eut-elle parcouru une centaine de mètres qu'il porta son sifflet à ses lèvres et hop !... le lièvre sauta du tablier et rejoignit le troupeau. Quand vint le soir, Jeannot siffla une dernière fois, s'assura qu'il ne manquait aucun lièvre et ramena son troupeau au château. Le roi s'émerveilla de ce que Jeannot eût pu garder cent lièvres sans en perdre un seul. Mais il ne voulut toujours pas lui donner sa fille. Il exigea que Jeannot lui apporte une plume de la queue de l'oiseau Griffon.

Jeannot se mit aussitôt en route et il marchait à grands pas. Au soir, il arriva devant un château et il demanda l'hospitalité pour la nuit, car à cette époque, il n'existait pas encore d'hôtels. Le seigneur du château accepta avec joie et lui demanda où il allait. Jeannot répondit :

« Chez l'oiseau Griffon.

— Chez le Griffon ? répéta le seigneur. On dit qu'il sait tout. J'ai perdu la clé de mon coffre-fort ; aurais-tu l'amabilité de lui demander où elle se trouve ?

— Bien sûr ! répondit Jeannot. Je le ferai. »

Le lendemain matin, très tôt, il reprit son chemin et, le soir, il arrivait à un autre château où il passa la nuit. Quand on apprit qu'il était à la recherche de l'oiseau Griffon, on lui dit que la fille de la maison était fort malade ; on avait déjà tout tenté, mais rien n'y faisait. Accepterait-il de demander au Griffon ce qui rendrait la santé à la jeune fille ? Jeannot répondit qu'il le ferait avec plaisir et poursuivit sa route.

Il arriva au bord d'une large rivière. Au lieu d'un bac pour la traverser, il vit un homme très grand qui portait les gens de l'autre côté. L'homme lui demanda où il allait :

« Chez le Griffon, répondit-il.

— Eh bien, quand vous serez auprès de lui, dit l'homme, demandez-lui donc pourquoi il me faut porter les gens de l'autre côté de l'eau. »

Jeannot répondit : « Par Dieu, oui ! je le lui demanderai. » L'homme le prit sur ses épaules et le porta sur l'autre rive.

Finalement Jeannot arriva à la maison de l'oiseau Griffon. Mais seule sa femme y était. Le Griffon était sorti. Sa femme demanda à Jeannot ce qu'il voulait. Et Jeannot lui raconta tout : qu'il devait ramener une plume de la queue du Griffon ; qu'il devait lui demander où se trouvait la clé du coffre du château ; qu'il voulait savoir ce qui rendrait la santé à la fille du seigneur du second château et pourquoi l'homme devait porter les gens de l'autre côté de la rivière. La femme dit alors :

« Mais, mon bon ami, aucun chrétien ne peut parler avec le Griffon ! Il les mange tous. Cependant, si vous voulez, vous pouvez vous coucher sous son lit. Et pendant la nuit, quand il dormira bien fort, vous tendrez la main vers lui et vous lui arracherez une plume. Pour le reste, je le lui demanderai moi-même. »

Jeannot trouva tout cela fort bien et il s'allongea sous le lit. Au soir, l'oiseau Griffon rentra à la maison. Dès qu'il eut pénétré dans la chambre, il dit :

« Femme, ça sent le chrétien !

— Oui, répondit-elle, il en est venu un aujourd'hui, mais il est reparti. »

Le Griffon se tut.

Au milieu de la nuit, alors qu'il ronflait comme un sonneur, Jeannot avança la main vers le lit et lui arracha une plume de sa queue. L'oiseau se réveilla en sursaut et dit : « Femme, ça sent le chrétien ! et j'ai comme l'impression qu'il y en a un qui a plumé ma queue. »

Sa femme répondit :

« Tu as certainement rêvé. Je t'ai déjà dit qu'il en est venu un aujourd'hui, mais qu'il est reparti. Il m'a raconté toutes sortes de choses. Il paraît qu'au château on aurait perdu la clef d'un coffre et qu'on n'arrive pas à la retrouver.

— Quels fous ! dit le Griffon. La clef se

trouve au bûcher, derrière la porte, sous une pile de bois.

— Il a dit aussi que dans un second château il y a une jeune fille bien malade, que personne ne sait comment guérir.

— Quels fous ! dit le Griffon. Sous l'escalier de la cave, un crapaud a bâti son nid avec les cheveux de la jeune fille. Si elle les récupère, elle retrouvera la santé.

— Ensuite, il a dit qu'il y a un homme au bord de l'eau qui doit porter les gens sur l'autre rive.

— Quel fou ! dit le Griffon. S'il en laissait tomber un seul au beau milieu de l'eau, il n'en aurait plus jamais d'autre à transporter. »

Tôt le matin, l'oiseau Griffon se leva et partit. Jeannot sortit de sous le lit, tenant la jolie plume. Il avait entendu ce que le Griffon avait dit de la clef, de la princesse et de l'homme. Pour qu'il n'oublie rien, la femme du Griffon lui répéta tout ce qu'avait dit son mari. Alors il prit le chemin du retour.

Il arriva d'abord auprès de l'homme du bord de l'eau. Celui-ci lui demanda tout de suite quelle avait été la réponse du Griffon. Jeannot lui dit de le transporter d'abord : il le lui dirait une fois de l'autre côté. L'homme le porta et Jeannot lui rapporta que, s'il laissait tomber un seul de ses passagers au milieu de l'eau, il n'aurait plus jamais à en transporter. Le passeur se réjouit fort et offrit à Jeannot, en manière de remerciement, de lui faire effectuer un aller et retour. Jeannot refusa, disant qu'il ne voulait pas lui causer cette fatigue, qu'il était bien content comme ça. Et il s'en alla.

Il arriva au château où la fille du roi était malade. Il la prit sur ses épaules (elle ne pouvait pas marcher), la porta au bas de l'escalier de la cave et retira le nid de crapaud de sous la dernière marche. Il le mit dans la main de la princesse. Elle sauta de ses épaules et remonta l'escalier devant lui. Elle était guérie. Son père et sa mère en furent très heureux. Ils firent cadeau à Jeannot d'or et d'argent et lui donnèrent tout ce qu'il désirait.

Quand le garçon arriva au premier château qu'il avait visité, il se rendit tout droit au bûcher, trouva la clef derrière la porte, sous la pile de bois et l'apporta au seigneur. Celui-ci en fut bien content. En récompense, il lui donna une grande partie de l'argent qui était dans le coffre, et, pardessus le marché, des vaches, des moutons, des chèvres et toutes sortes d'autres choses.

Quand Jeannot arriva chez le roi avec l'or,

l'argent, les vaches, les moutons et les chèvres, celui-ci lui demanda d'où il tenait tout ça. Jeannot lui répondit que l'oiseau Griffon donnait à chacun ce qu'il désirait. Le roi se dit qu'il pourrait bien en profiter lui aussi et il se mit en route pour aller chez l'oiseau. Quand il arriva au bord de l'eau, personne ne s'y était encore présenté depuis le passage de Jeannot. Le porteur le laissa tomber au beau milieu et s'en alla. Le roi se noya. Quant à Jeannot, il épousa la princesse et devint roi.

Le maître voleur

Il était une fois un vieil homme et sa femme, assis devant leur pauvre maison. Après le travail, ils prenaient quelque repos. Tout à coup arriva une magnifique voiture, tirée par quatre chevaux noirs, dont descendit un homme richement vêtu. Le paysan se leva, s'approcha du seigneur, lui demanda ce qu'il désirait et en quoi il pourrait lui être utile. L'étranger lui tendit la main et dit : « Je n'ai qu'un désir : déguster pour une fois un repas campagnard. Préparez des pommes de terre comme vous le faites pour vous ; je prendrai place à votre table et leur ferai honneur avec joie. » Le paysan sourit et dit : « Vous êtes comte, prince ou même duc. Les grands seigneurs ont parfois de ces envies. Que la vôtre soit satisfaite ! » Sa femme alla à la cuisine et commença à laver et à éplucher les pommes de terre dont elle voulait faire des boulettes à la mode paysanne.

Pendant qu'elle travaillait, le vieux dit à l'étranger : « En attendant, venez au jardin avec moi. J'ai encore quelque chose à y faire. » Il avait creusé des trous et voulait y planter des arbres.

« N'avez-vous donc pas d'enfants, lui demanda l'étranger, qui pourraient vous aider dans votre travail ?

— Non, répondit le paysan. J'ai bien eu un garçon, ajouta-t-il, mais il est parti de par le monde, voici bien longtemps. C'était un jeune dépravé, malin et astucieux, mais qui ne voulait rien apprendre et ne cessait de jouer de mauvais tours. À la fin, il est parti et je n'en ai plus jamais entendu parler. »

Le vieil homme prit un arbuste, le plaça dans un trou et lui adjoignit un tuteur. Et quand il eut rassemblé la terre et qu'il l'eut bien tassée, il lia l'arbre au tuteur avec des brins de paille, en haut, au milieu et en bas. « Mais dites-moi, dit le seigneur, pourquoi n'attachez-vous pas de même à un tuteur cet arbre rabougri, là, dans le coin, qui traîne presque par terre tant il est tordu, de façon qu'il pousse droit ? » Le vieux eut un sourire et dit :

« Vous parlez, monsieur, comme vous l'entendez. On voit bien que vous ne vous êtes jamais occupé de culture. Cet arbre-là est vieux et rabougri. Personne ne pourra plus jamais le redresser. C'est quand ils sont jeunes que l'on peut faire pousser les arbres droit.

— C'est comme pour votre fils, dit l'étranger. Si vous l'aviez dressé pendant qu'il était encore jeune, il ne serait pas parti. Lui aussi a dû devenir dur et rabougri aujourd'hui.

— Certainement, répliqua le vieux, voilà déjà bien longtemps qu'il est parti ; il a dû changer.

— Le reconnaîtriez-vous s'il se présentait devant vous ?

— Je reconnaîtrais difficilement ses traits, répondit le paysan. Mais il possède un signe particulier, une envie sur l'épaule, qui ressemble à un haricot. »

À ces mots, l'étranger retira sa veste, dénuda son épaule et montra l'envie au paysan. « Seigneur Dieu ! s'écria celui-ci, tu es vraiment mon fils. » Et l'amour qu'il avait pour son enfant gonfla son cœur. « Mais, ajouta-t-il, comment peux-tu être mon fils ? Tu es devenu un grand seigneur qui vit dans la richesse et le superflu. Comment en es-tu arrivé là ?

— Ah ! père, répondit le seigneur, le jeune arbre était attaché à un tuteur trop faible et il a poussé tordu. Maintenant, il est trop vieux et ne se redressera plus. Comment j'en suis arrivé là ? Je suis devenu voleur. Mais ne vous effrayez pas ; je suis un maître voleur. Pour moi n'existent ni serrures ni verrous. Tout ce qui me plaît m'appartient. Ne croyez pas que je vole comme un quelconque voleur. Non. Je ne prends que le superflu des riches. Les pauvres peuvent être tranquilles ; je leur donnerais plutôt que de leur prendre. Et ce que je pourrais avoir sans peine, ruse et adresse ne m'intéresse pas.

— Ah ! mon fils, dit le vieux, tout cela ne me plaît pas pour autant. Un voleur est un voleur. Je te le dis : cela finira mal. »

Il le conduisit auprès de sa mère et lorsqu'elle apprit qu'il était son fils, elle en pleura de joie. Mais quand il lui dit qu'il était devenu maître voleur, son visage se couvrit de larmes de tristesse. Finalement, elle dit : « Même s'il est voleur, il n'en est pas moins mon fils et je suis heureuse de le revoir. »

Ils prirent place à table et le voleur mangea de nouveau avec ses parents la mauvaise nourriture qu'il avait connue si longtemps. Puis le père dit :

« Si notre seigneur, le comte, là-bas, dans son château, apprend qui tu es et ce que tu fais, il ne te prendra pas dans ses bras et ne te bercera pas comme il l'a fait le jour de ton baptême ; il t'enverra balancer au bout d'une corde.

— Soyez sans inquiétude, mon père, dit le fils. Il ne me fera rien : je connais mon métier. Aujourd'hui même, j'irai chez lui. »

Quand vint le soir, le maître voleur prit place dans sa voiture et se rendit au château. Le comte le reçut avec déférence, le prenant pour un personnage respectable. Lorsque l'étranger lui eut dit qui il était, il pâlit et resta quelque temps silencieux. Puis il dit :

« Tu es mon filleul. Mon pardon tiendra lieu de justice et j'agirai imprudemment à ton égard. Puisque tu te vantes d'être un maître voleur, je vais soumettre ton art à l'épreuve. Si tu échoues, la corde sera ton épouse et le croassement des corbeaux te servira de marche nuptiale.

— Monseigneur, répondit le voleur, choisissez trois épreuves, aussi difficiles que vous le voudrez ; si je ne réussis pas à réaliser ce que vous demanderez, vous ferez de moi selon votre bon plaisir. »

Le comte réfléchit un instant, puis il dit : « Eh bien, pour commencer, il faudra que tu me voles un cheval à l'écurie ; en deuxième lieu, il te faudra retirer les draps de notre lit pendant que nous y serons couchés, ma femme et moi, sans que nous nous en apercevions. En même temps, tu retireras, de son doigt, l'alliance de mon épouse. En troisième et dernier lieu, je veux que tu procèdes à l'enlèvement du curé et du bedeau en pleine église. Prends bien note de tout cela, car il en va de ta vie ! »

Le maître voleur se rendit à la ville la plus proche. Il acheta de vieux habits à une paysanne et s'en revêtit. Il se farda le visage avec de la couleur brune, y dessinant même des rides. Il était méconnaissable. Il remplit un petit tonneau de vin de Hongrie auquel il mélangea un puissant soporifique. Il s'attacha le tonneau dans le dos et, d'une démarche vacillante, il se rendit à pas lents au château du comte.

Lorsqu'il y parvint, il faisait déjà nuit. Il s'assit

sur une pierre dans la cour, se mit à tousser comme une vieille poitrinaire et se frotta les mains comme s'il mourait de froid. Devant la porte des écuries, des soldats étaient allongés autour d'un feu. L'un d'eux remarqua la femme et lui cria : « Viens par ici, petite mère, viens te réchauffer près de nous. Puisque tu n'as pas de toit, prends l'hôtel qui se trouve sur ton chemin. » La vieille s'approcha d'eux en boitillant, leur demanda de la débarrasser du tonneau et s'assit auprès d'eux.

« Qu'as-tu donc dans ton tonneau, la vieille ? demanda l'un des soldats.

— Un bon coup de vin, répondit-elle. Je vis de ce commerce. Pour de l'argent et quelques bonnes paroles, je vous en donnerai volontiers un verre.

— Apporte voir ! » dit le soldat. Et après avoir bu un verre, il dit : « Il est bon. J'en reboirai un autre. » Elle le servit et les autres suivirent l'exemple de leur camarade. « Holà ! les amis, cria l'un deux à ceux qui se tenaient dans l'écurie, il y a ici une petite mère qui a du vin aussi vieux qu'elle. Buvez-en un coup ; ça vous réchauffera l'estomac mieux que notre feu. »

La vieille porta son tonneau dans l'écurie. L'un

des soldats était assis sur le cheval tout sellé du comte ; un autre tenait la bride, un troisième s'occupait de natter la queue. La vieille versa à boire tant qu'on en voulut, jusqu'à épuisement de la source. Bientôt, la bride tomba de la main de celui qui la tenait et lui-même s'en alla ronfler par terre ; l'autre abandonna la queue, s'allongea et ronfla plus fort encore ; celui qui était en selle y resta, mais sa tête s'inclina presque jusque sur le cou du cheval ; il s'endormit à son tour et fit autant de bruit qu'un soufflet de forge. Les soldats qui étaient dehors dormaient depuis longtemps. Ils ne bougeaient pas plus que s'ils eussent été de pierre.

Quand le maître voleur vit que tout avait bien marché, il plaça dans la main de l'un une corde à la place de la bride, à l'autre un balai de paille en remplacement de la queue. Mais qu'allait-il faire du troisième, celui qui était sur le cheval ? Il ne voulait pas le faire tomber : il se serait réveillé et aurait pu crier. Le voleur trouva le bon moyen : il défit les courroies de la selle, accrocha celle-ci à des cordes qui pendaient au mur dans des anneaux et hissa le cavalier au plafond. Puis il attacha solidement la corde à un poteau. Il eut tôt fait de libérer le cheval de sa chaîne. Mais on

MORGAN 79

risquait d'entendre le bruit que feraient ses sabots sur les pavés de pierre de la cour. Il les enveloppa de vieux chiffons, fit sortir le cheval avec précaution de l'écurie et de la cour, lui sauta dessus et partit au galop.

Quand le jour fut levé, le maître voleur se précipita au château avec le cheval. Le comte venait de se réveiller et il regardait par la fenêtre. « Bonjour, monseigneur ! lui cria le voleur. Voici le cheval que j'ai réussi à sortir de l'écurie. Regardez comme vos soldats dorment bien ! Et si vous allez à l'écurie, vous verrez comme vos gardes s'y sont mis à l'aise. »

Le comte ne put s'empêcher de rire. Puis il dit : « Tu as réussi une fois. Il n'en ira pas de même la prochaine. Et je te préviens : puisque tu t'es présenté comme voleur, agis en voleur. »

Le soir, quand la comtesse s'en fut coucher, elle serra bien fort les doigts de la main qui portait l'alliance et le comte lui dit : « Toutes les portes sont fermées et verrouillées ; je vais rester éveillé et j'attendrai le voleur. S'il entre par la fenêtre, je l'abats. » Le maître voleur, lui, se rendit dans l'obscurité au gibet, en décrocha un pauvre pécheur qui pendait là et, sur son dos, il le porta au château. Il appuya une échelle sous la fenêtre de la chambre à coucher du comte et commença à grimper.

Quand il fut arrivé assez haut pour que la tête du mort apparaisse à la fenêtre, le comte, qui guettait depuis son lit, tira un coup de pistolet. Aussitôt, le voleur laissa dégringoler le pendu, sauta lui-même au bas de l'échelle et se cacha dans un coin. La lune était si brillante qu'il vit nettement le comte descendre par l'échelle, et porter le cadavre dans le jardin. Il commença à y creuser un trou pour l'enterrer. « Voilà le bon moment », se dit le voleur. Il se faufila hors de son coin et monta par l'échelle dans la chambre de la comtesse.

« Ma chère épouse, dit-il en contrefaisant la voix du comte, le voleur est mort. Mais comme il était mon filleul et qu'il fut plus coquin que méchant, je ne veux pas qu'il soit exposé à la honte publique. J'ai également pitié de ses pauvres parents. Avant que le jour se lève, je vais l'ensevelir moi-même dans le jardin pour que l'affaire ne s'ébruite pas. Donne-moi les draps pour que j'y enveloppe le corps. »

La comtesse lui donna les draps. « Et puis, sais-tu, j'ai envie d'être généreux. Donne-moi donc ta bague. Le malheureux a risqué sa vie pour elle ; qu'il l'emporte dans la tombe. » La comtesse ne voulait pas aller contre la volonté de son mari et, quoiqu'il lui en coûtât, elle retira l'alliance de son doigt et la lui tendit. Le voleur partit avec son butin et arriva sans encombre à la maison, avant même que le comte eût achevé son travail de fossoyeur.

Il en faisait une figure, le comte, le lendemain matin, quand le voleur lui rapporta les draps et l'anneau !

« Serais-tu sorcier ? lui demanda-t-il. Qui t'a sorti de la tombe dans laquelle je t'ai moi-même enfoui ? Qui t'a rendu la vie ?

— Ce n'est pas moi que vous avez enterré, dit le voleur, mais un pauvre pécheur enlevé au gibet. » Et il lui raconta en détail comment il avait fait. Le comte dut convenir qu'il était vraiment un voleur plein de ruse.

« Mais tu n'en as pas fini ! lui dit-il. Il te reste une dernière tâche à accomplir et si tu n'y réussis pas, tout ce que tu as déjà fait ne te servira de rien. »

Le voleur sourit et ne répondit pas.

Lorsque la nuit fut venue, il se rendit à l'église du village avec un grand sac sur le dos, un paquet sous le bras et une lanterne à la main. Dans le sac, il avait des écrevisses et dans le paquet des petites bougies. Le voleur s'installa dans le cimetière, sortit une écrevisse, et lui colla une bougie sur le dos. Il l'alluma, posa l'animal sur le sol et le laissa marcher. Il en prit un deuxième, procéda à la même opération et continua ainsi jusqu'à ce qu'il eût retiré toutes les écrevisses. Il s'affubla alors d'une longue houppelande noire qui ressemblait à une robe de moine et fixa à son menton une longue barbe grise. Rendu méconnaissable, il pénétra dans l'église et monta en chaire. L'horloge du clocher sonnait précisément minuit. Quand le dernier coup eut tinté, il cria très fort, d'une voix perçante :

« Oyez, pauvres pécheurs ! La fin du monde est arrivée ! Le jour du Jugement dernier n'est plus éloigné ! Écoutez ! Écoutez ! Que celui qui veut aller au ciel entre dans mon sac. Je suis saint Pierre, celui qui ouvre ou ferme la porte du paradis. Regardez, dehors, dans le cimetière, les morts sortent de leurs tombes et rassemblent leurs ossements. Venez, venez, entrez dans le sac, c'est la fin du monde ! »

Sa voix retentit dans tout le village. Le curé et le bedeau, qui habitaient tout près de l'église, l'avaient entendue les premiers. Lorsqu'ils virent

les lumières se promenant dans le cimetière, ils comprirent que quelque chose d'inhabituel se passait et se rendirent à l'église. Ils écoutèrent le prêche du voleur pendant quelque temps. Puis le bedeau toucha le curé du coude et dit :

« Après tout, il ne serait pas mauvais de profiter de l'occasion et d'aller ensemble, sans plus de difficulté, au paradis, avant le Jugement dernier.

— Bien sûr, répondit le prêtre. C'est ce que je me disais. Si vous êtes d'accord, allons-y tout de suite.

— Oui, reprit le bedeau, mais la priorité vous appartient. Je vous suivrai. »

Le prêtre passa donc le premier et monta en chaire où le voleur tenait son sac. Il s'y faufila, suivi du bedeau. Aussitôt, le maître voleur ficela solidement le sac et le tira au bas de l'escalier. Chaque fois que les têtes des deux naïfs heurtaient une marche, il criait :

« Nous franchissons déjà les montagnes ! »

De la même façon, il les traîna à travers tout le village et quand il passait dans des flaques d'eau, il disait :

« Maintenant, nous traversons déjà les nuages de pluie ! »

Et quand, finalement, il monta l'escalier du château, il s'écria :

« Nous sommes dans l'escalier du paradis ; nous allons entrer dans l'antichambre ! »

Quand il fut arrivé en haut, il jeta le sac dans la cage aux colombes et, comme celles-ci battaient des ailes, il dit :

« Entendez-vous comme les anges se réjouissent et agitent leurs ailes ? »

Il referma la porte de la cage et s'en fut.

Le lendemain matin, il se rendit auprès du comte et lui dit qu'il avait accompli sa troisième tâche en enlevant le curé et le bedeau en pleine église.

« Où les as-tu laissés ? demanda le comte.

— Ils sont en haut, dans la cage aux colombes, enfermés dans un sac et s'imaginant être au Ciel. »

Le comte alla voir lui-même et vit que le voleur lui avait dit la vérité. Quand il eut libéré le curé et le bedeau de leur prison il dit :

« Tu es le roi des voleurs et tu as gagné. Mais disparais de mon pays ! Si on t'y revoit, tu peux être sûr de finir sur la potence. »

Le maître voleur prit congé de ses parents et repartit de par le monde. Personne n'a plus jamais entendu parler de lui.

J. ET W. GRIMM

Les frères Grimm, Jacob (1785-1863) et Wilhelm (1786-1859), étaient deux savants allemands qui passèrent toute leur vie à étudier la langue et le folklore de leur pays. Ils eurent l'idée de recueillir patiemment les récits des vieux conteurs, qui savaient par cœur histoires, légendes et plaisanteries et les transmettaient ainsi de génération en génération. Ces *Contes* allemands furent publiés en trois volumes de 1812 à 1822. Personne ne sait qui les a inventés, mais, grâce à eux, les enfants n'oublieront jamais les frères Grimm.

Table des contes

Si vous avez aimé ce livre, vous aimerez aussi dans la collection Le Livre de Poche Jeunesse :

Ali Baba et les 40 voleurs
Anonyme
Traduit de l'arabe par Antoine Galland
Ali Baba rencontre quarante voleurs, trouve un trésor et s'aperçoit que sa cuisinière est une perle. Texte intégral.
8 ans et +
N° 17

Poucette et autres contes
Hans Christian Andersen
Traduit du danois par D. Soldi, E. Grégoire et L. Moland
Histoires gaies ou tristes, on tremble, on pleure et l'on rit chez Andersen.
8 ans et +
N° 19

La maison brisée
Francis Berthelot
En se séparant, les parents de Pierre-Plume ont emporté chacun une moitié de la maison : l'une sur la lune, l'autre au fond des océans. Pierre-Plume n'a plus qu'un désir : les réunir à nouveau.
8 ans et +
N° 708

Légendes de la mer
Bernard Clavel
Dix-neuf histoires de la mer avec ses sirènes, ses requins, ses sorcières, ses villes englouties et ses palais sous les eaux.
8 ans et +
N° 63

Légendes des lacs et rivières
Bernard Clavel
Les monstres, les poissons fées, les recettes magiques : tous les secrets de l'eau qui court et qui dort avec ses mystérieux habitants.
8 ans et +
N° 42

Les contes de la Saint-Glinglin
Robert Escarpit
Des expressions comme "à la saint-glinglin", "à tire-larigot", "prendre la poudre d'escampette" ont toujours une explication... fantaisiste !
9 ans et +
N° 1

Le pays des 36 000 volontés
André Maurois
Existe-t-il plus beau pays que celui où l'on peut réaliser ses 36 000 volontés, sans que personne ne vous réprimande ?
8 ans et +
N° 549

Contes
Charles Perrault
Le loup est dans le bois, Barbe-Bleue dans sa tour, l'Ogre enfile ses bottes... Educatif et passionnant !
8 ans et +
N° 20

Zlateh la chèvre et autres contes
Isaac Bashevis Singer
Traduit de l'américain par Giselle Bernier et Marie-Pierre Bay
Un enfant conduit Zlateh chez le boucher, mais, dans la tempête de neige, c'est elle qui le sauve. Un paresseux se croit au Paradis, des naïfs font des sottises, le Diable perd la partie...
8 ans et +
N° 4

Contes des cinq coins du monde
Paul Thiès
De l'empire de Chine aux oasis d'Afrique, des forêts d'Europe aux îles du Pacifique, un petit chat noir répand un peu de magie dans le monde...
8 ans et +
N° 616

La Belle et la Bête et autres contes
Jeanne-Marie Leprince de Beaumont et Marie-Catherine d'Aulnoy
La Belle, la princesse Rosette, la Belle aux Cheveux d'or, l'Oiseau bleu, autant de héros qui incarnent l'éternel combat des fées contre les sorcières
8 ans et +
N° 21

Composition JOUVE – 53100 Mayenne
N° 304327r
Imprimé en Italie par G. Canale & C.S.p.A.-Borgaro T.se (Turin)
Mai 2002 - Dépôt éditeur n° 19631
32.10.2000.1/01 - ISBN : 2.01.322000.6
Loi n° 49-956 du 16 juillet 1949 sur les publications destinées à la jeunesse
Dépôt légal : juin 2002